365 Jeux d'hiver pour les enfants

Les Éditions Goélette

Graphisme de la couverture:
Marjolaine Pageau

Graphisme et mise en pages:
Marie-Pier S.Viger
Chantal Morisset
Mélissa Jiguet
Camille Ponton

1350 Marie-Victorin
St-Bruno-de-Montarville (Québec) CANADA, J3V 6B9
Téléphone: 450 653-1337
Télécopieur: 450 653-9924
www.editionsgoelette.com
www.facebook.com/EditionsGoelette

Dépôts légaux:
Bibliothèque et Archives nationales du Québec
Bibliothèque nationale du Canada
Quatrième trimestre 2012

Les Éditions Goélette bénéficient du soutien financier de la SODEC pour son programme d'aide à l'édition et à la promotion.

Nous remercions le gouvernement du Québec de l'aide financière accordée par l'entremise du Programme de crédit d'impôt pour l'édition de livres, administré par la SODEC.

Membre de l'Association nationale des éditeurs de livres.

Imprimé au Canada

ISBN: 978-2-89690-396-2

De point en point

Relie chaque point
dans l'ordre pour terminer le dessin.
Quand tu as terminé, mets de la couleur.

Les jumeaux

Encercle les deux images
qui sont identiques.

A

B

C

D

SYMÉTRIE

Complète l'image.

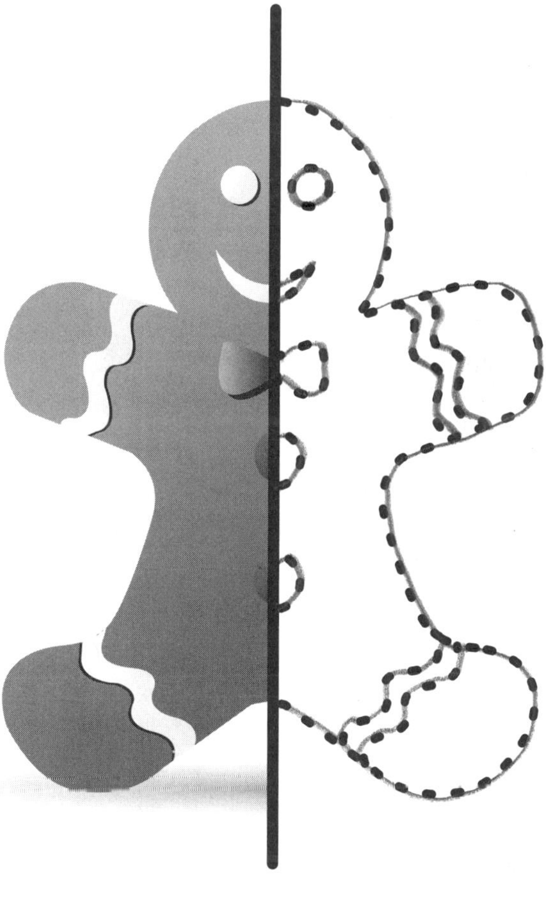

Le casse-tête

Trouve la partie manquante de l'image.

To be absent from

Dessin à colorier

Amuse-toi et mets de la couleur.

Les associations

Associe les objets qui ont un lien entre eux.

Renard

Pingouin

Chat

Écureuil

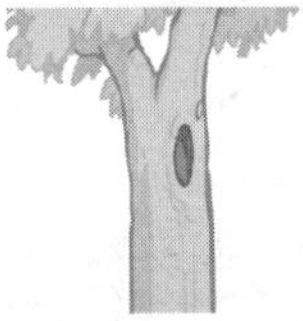

Arbre

Glaciers

Tanière

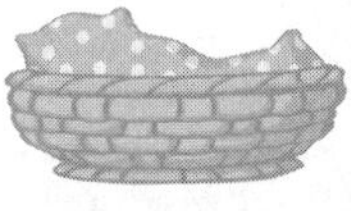

Lit douillet

Les opposés

Colori le gros flocon en bleu
et le petit flocon en vert.

Le MOUTON NOIR

Entoure dans chaque rangée le plus grand dessin.

L'aventurier

Aide l'inuit et trace le chemin qui mène jusqu'à son poisson.

Les 4 erreurs

Regarde bien ces deux images. Trouve les quatre différences et entoure-les.

Le labyrinthe

Aide le père Noël à se rendre jusqu'au sapin. N'oublie pas de ramasser les cadeaux!

Les formes similaires

Relie chaque objet à la forme qu'il représente.

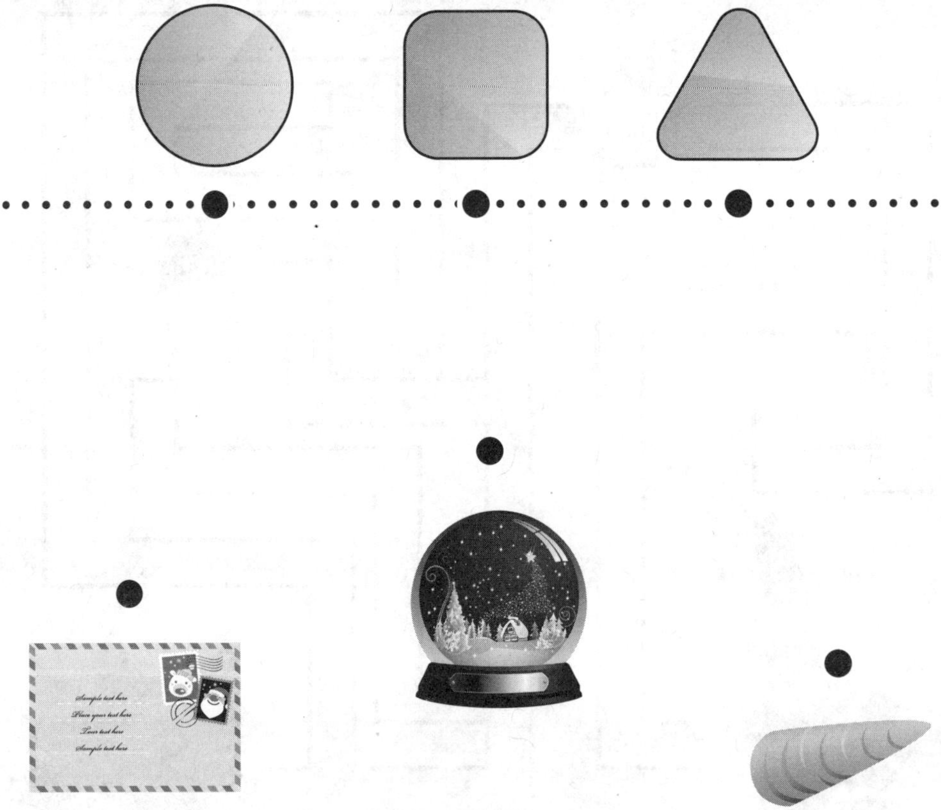

Le mathématicien

Dans chaque rangée,
entoure le nombre d'éléments qui
correspond au chiffre de gauche.

3 

2 

1 

La suite

Observe bien la suite ci-dessous. Complète la rangée en encerclant le dessin manquant.

L'identique

Associe les dessins
qui sont identiques.

a

b

c

d

1

2

3

4

La calculatrice

Écris le nombre d'éléments dans chaque case.

1 2 3 4 5 6 7 8 9 10

Le voyageur

Aide la madame à retrouver les chanteurs. Suis les dindes et trace le chemin. Tu peux te déplacer de façon horizontale, verticale ou en diagonale.

Les doigts de la main

Entoure la main quand il y a
5 éléments dans la même rangée.

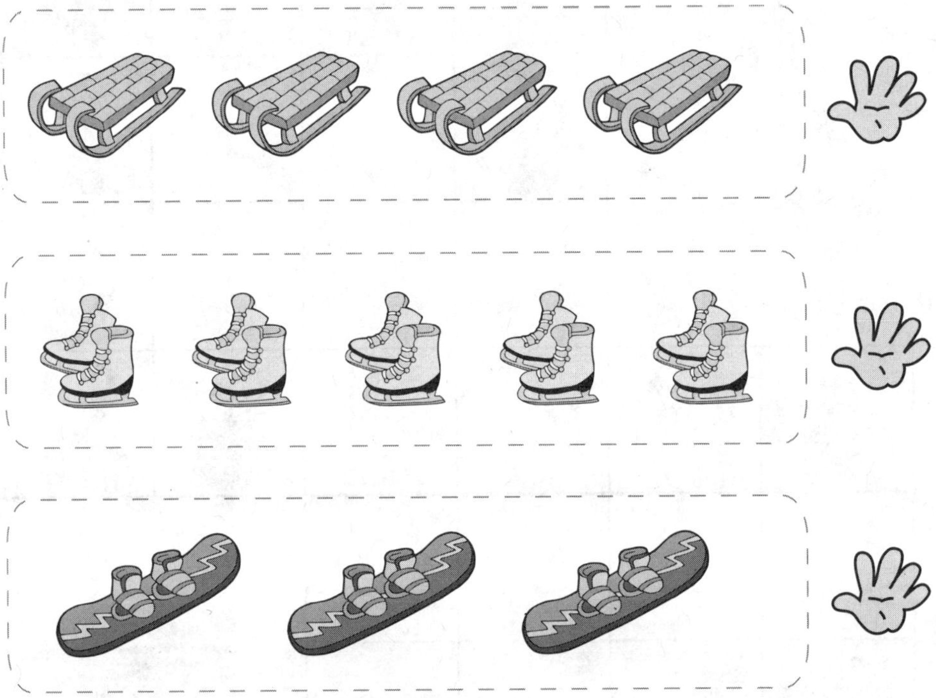

L'écrivain

Passe avec ton crayon sur les pointillés.
Exerce-toi ensuite sans pointillés.

a a a

A A

b b b

B B

Le petit train

Entoure la lettre qui est écrite sur la locomotive dans chacun des mots du train.

Émoticônes

Entoure quand la personne est triste.
Entoure quand la personne est joyeuse.

Le chercheur

Trouve les éléments de gauche dans le décor.

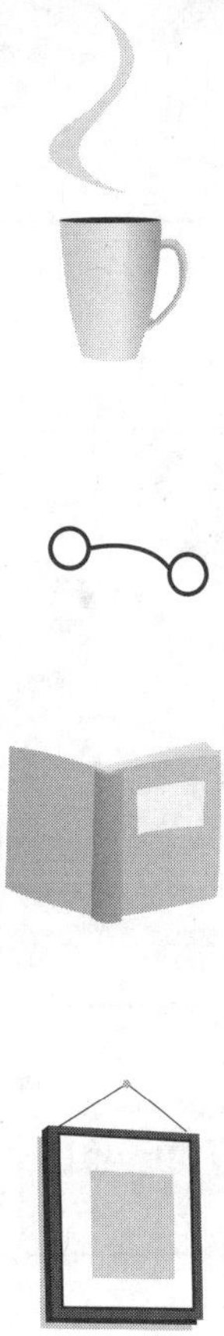

L'artiste

Aide madame l'autruche et retrace les dessins à droite.

DANS TOUS LES SENS

Entoure un des deux objets identiques. Si tu regardes la flèche qui se trouve en dessous, tu trouveras quel objet tu dois entourer.

DROITE

Jeu 24

De point en point

Relie chaque point
dans l'ordre pour terminer le dessin.
Quand tu as terminé, mets de la couleur.

Les jumeaux

Encercle les deux images
qui sont identiques.

A

B

C

D

SYMÉTRIE

Complète l'image.

Jeu 27

Le casse-tête

Trouve la partie manquante de l'image.

A

B

C

D

Dessin à colorier

Amuse-toi et mets de la couleur.

Les associations

Associe les objets qui ont
un lien entre eux.

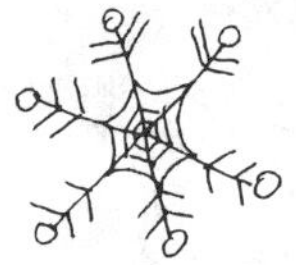

Neige

Biscuit au chocolat

Décoration

Bas de laine

Biscuit à la vanille

Mitaine

Bonhomme de neige

Sapin

Les opposés

Colorie le sport d'hiver en mauve
et le sport d'été en rouge.

Le MOUTON NOIR

Entoure dans chaque rangée le plus grand dessin.

L'aventurier

Aide la fillette et trace le chemin qui mène jusqu'au chocolat chaud.

Les 4 erreurs

Regarde bien ces deux images. Trouve les quatre différences et entoure-les.

Le labyrinthe

Aide le lutin à se rendre jusqu'au sapin. N'oublie pas de ramasser les boules décoratives!

Les formes similaires

Relie chaque objet à la forme qu'il représente.

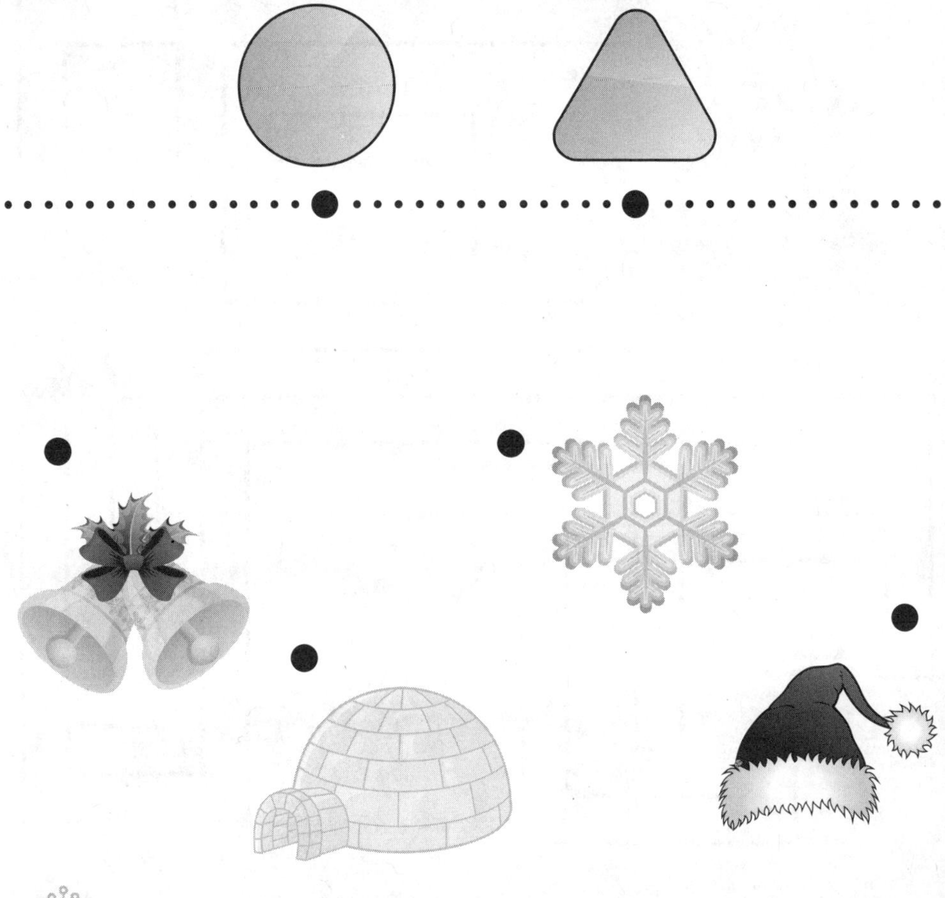

Jeu 36

Le mathématicien

Dans chaque rangée,
entoure le nombre d'éléments qui
correspond au chiffre de gauche.

4 

3 

5 

La suite

Observe bien la suite ci-dessous. Complète la rangée en encerclant le dessin manquant.

L'identique

Associe les dessins qui sont identiques.

La calculatrice

Écris le nombre d'éléments dans chaque case.

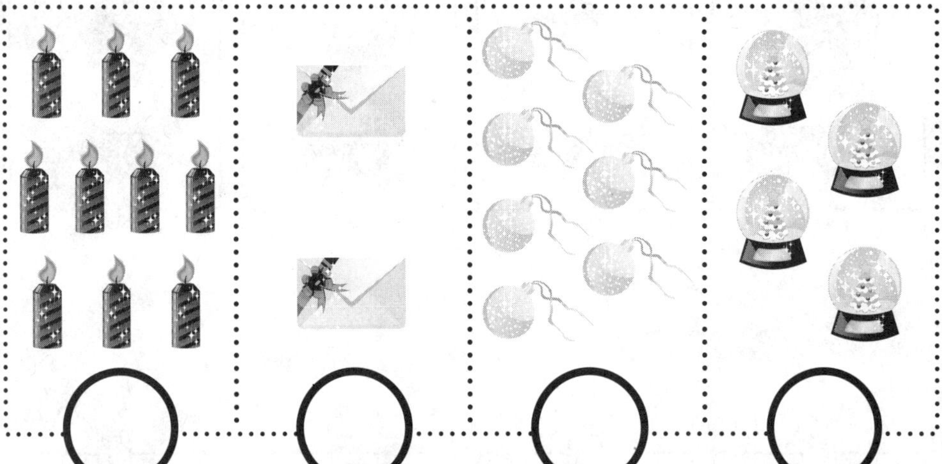

1 2 3 4 5 6 7 8 9 10

Le voyageur

Aide le pingouin à se rendre jusqu'aux glaciers.
Suis les gouttes d'eau et trace le chemin.
Tu peux te déplacer de façon horizontale, verticale ou en diagonale.

Les doigts de la main

Entoure la main quand il y a 5 éléments dans la même rangée.

L'écrivain

Passe avec ton crayon sur les pointillés.
Exerce-toi ensuite sans pointillés.

c c c

C C

d d d

D D

Le petit train

Entoure la lettre qui est écrite sur la locomotive dans chacun des mots du train.

émoticônes

Entoure (visage triste) quand le pingouin est triste.

Entoure (visage joyeux) quand le pingouin est joyeux.

Le chercheur

Trouve les éléments
de gauche dans le décor.

L'artiste

Aide madame l'autruche et
retrace les lettres à droite.

A

B

Dans tous les sens

Entoure un des deux objets identiques. Si tu regardes la flèche qui se trouve en dessous, tu trouveras quel objet tu dois entourer.

EN HAUT

De point en point

Relie chaque point
dans l'ordre pour terminer le dessin.
Quand tu as terminé, mets de la couleur.

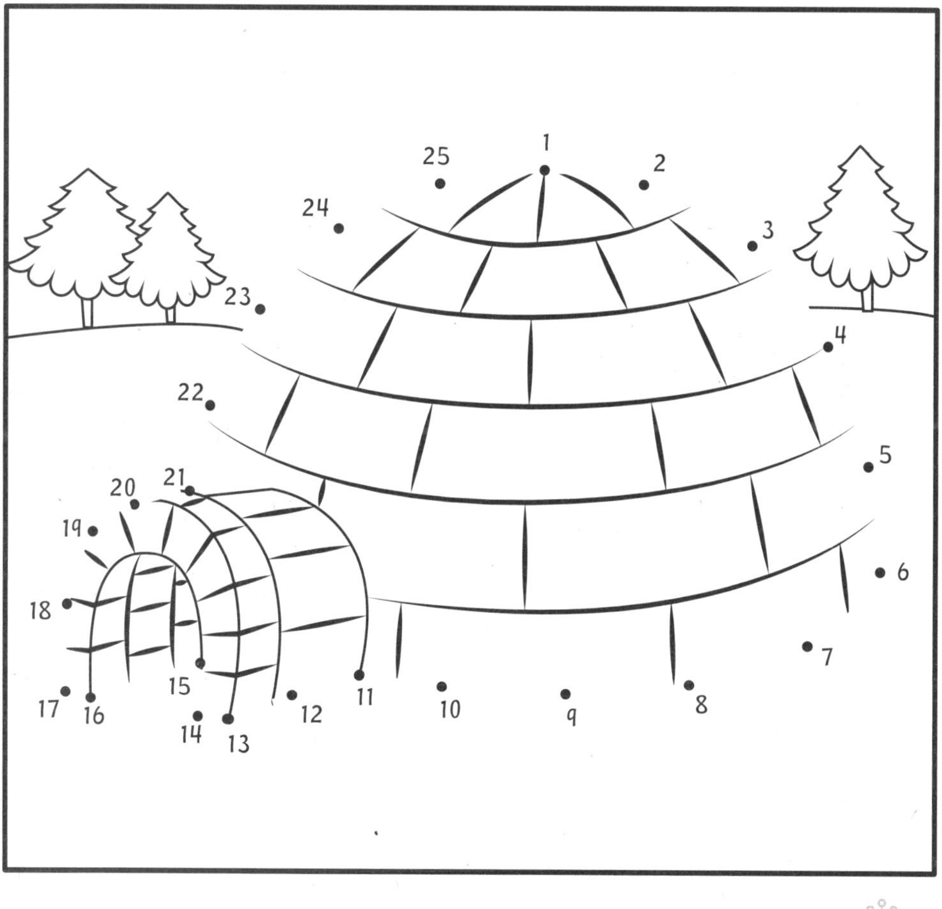

Les jumeaux

Encercle les deux images qui sont identiques.

A

B

C

D

SYMÉTRIE

Complète l'image.

Le casse-tête

Trouve la partie manquante de l'image.

A 

B 

C 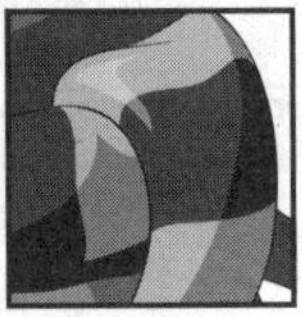

D 

Dessin à colorier

Amuse-toi et mets de la couleur.

Les associations

Associe les objets qui ont
un lien entre eux.

Tête de père Noël

Tête de renne

Tête de lutin

Tête de bonhomme de neige

Corps de bonhomme de neige

Corps de renne

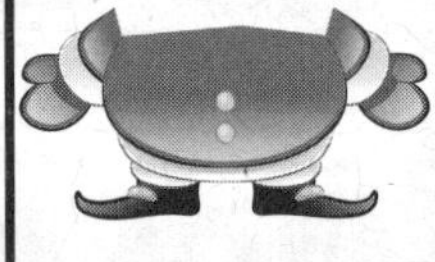

Corps de père Noël

Corps de lutin

Les opposés

Colorie le chien qui est gentil en bleu
et celui qui est méchant en rouge.

Le MOUTON NOIR

Entoure dans chaque rangée le plus grand dessin.

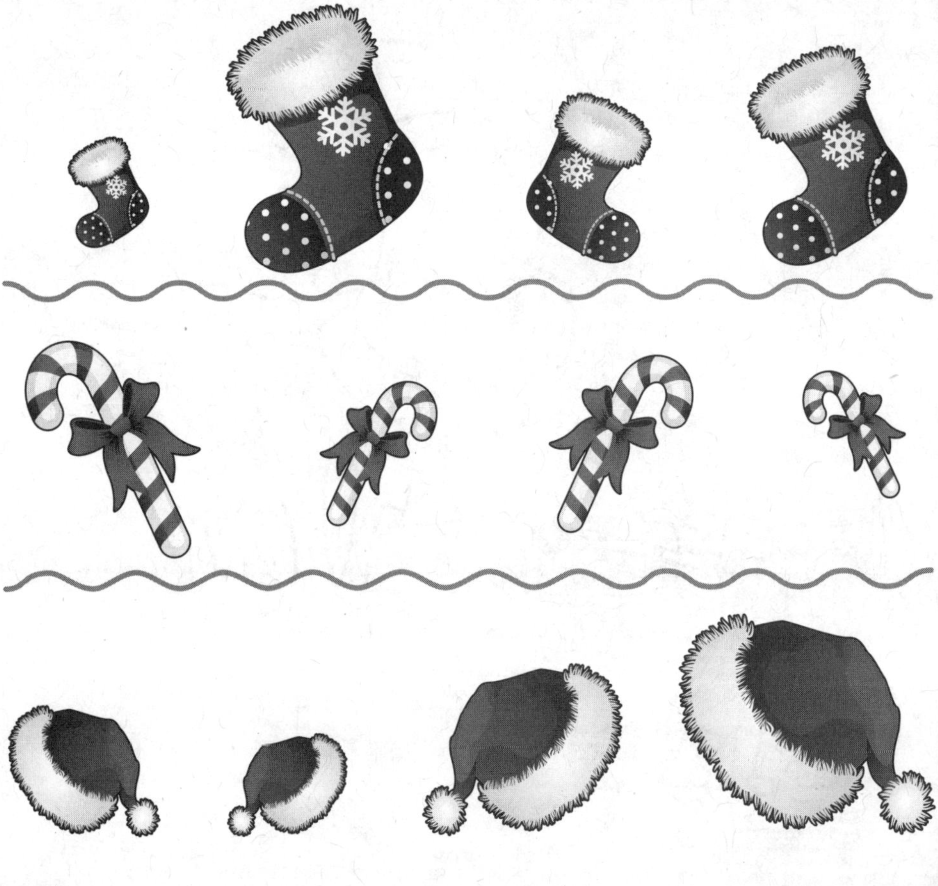

L'aventurier

Aide l'ourson et trace le chemin qui mène jusqu'à sa tanière.

Les 4 erreurs

Regarde bien ces deux images. Trouve les quatre différences et entoure-les.

Le labyrinthe

Aide la souris à se rendre jusqu'au sapin de fromage. N'oublie pas de prendre la boussole pour te rendre.

Les formes similaires

Relie chaque objet à la forme qu'il représente.

Le mathématicien

Dans chaque rangée,
entoure le nombre d'éléments qui
correspond au chiffre de gauche.

5 

2 

4 

La suite

Observe bien la suite ci-dessous. Complète la rangée en encerclant le dessin manquant.

L'identique

Associe les dessins
qui sont identiques.

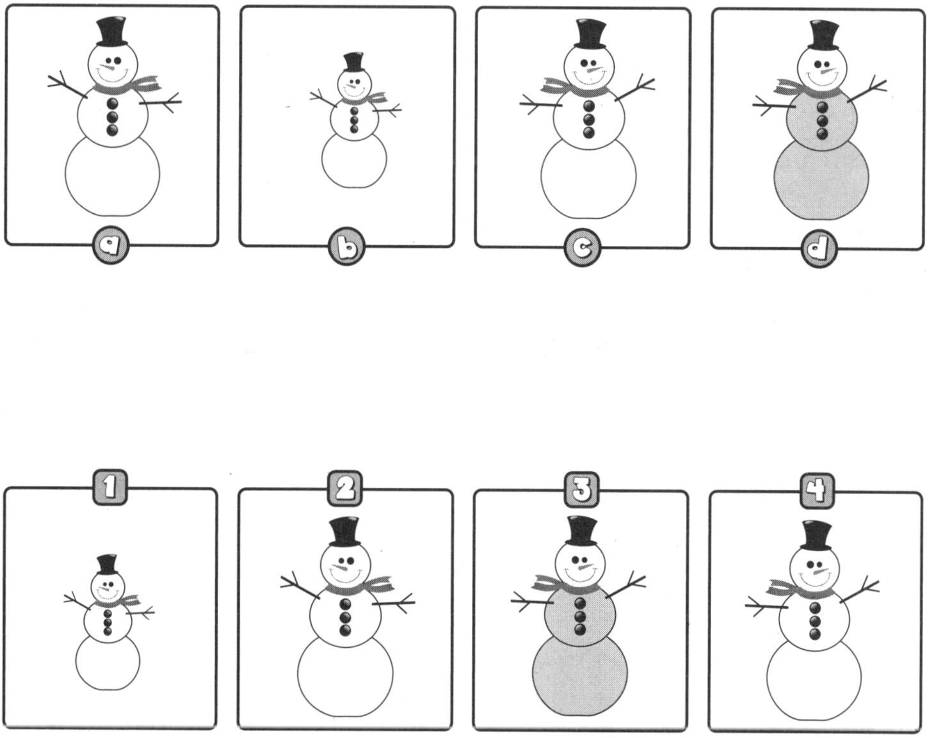

La calculatrice

Écris le nombre d'éléments dans chaque case.

1 2 3 4 5 6 7 8 9 10

Le voyageur

Aide le pingouin à se rendre jusqu'à son ami. Suis les pingouins songeurs et trace le chemin. Tu peux te déplacer de façon horizontale, verticale ou en diagonale.

Les doigts de la main

Entoure la main quand il y a
5 éléments dans la même rangée.

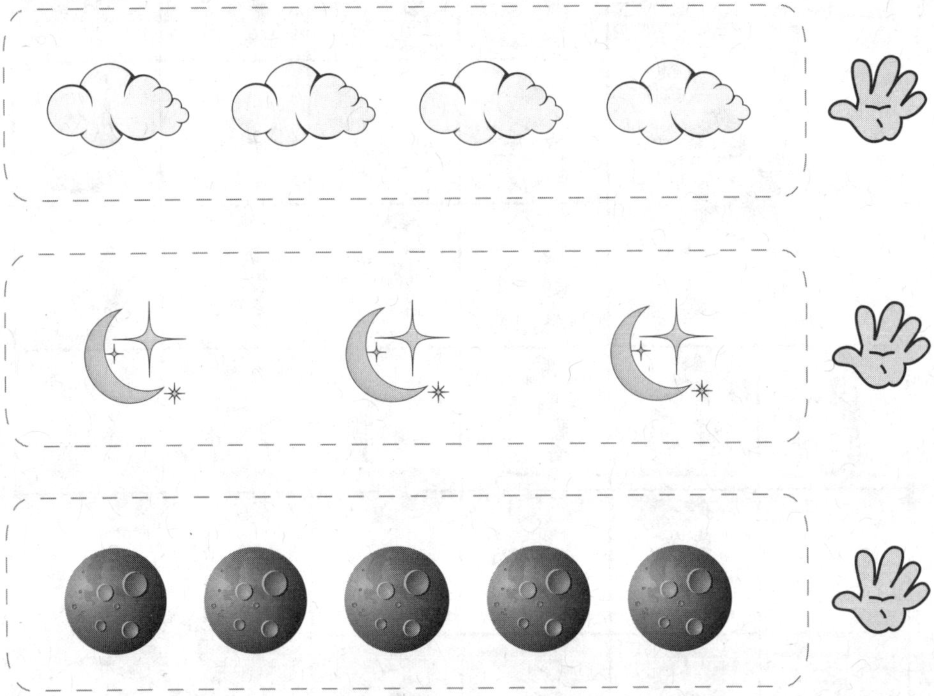

L'écrivain

Passe avec ton crayon sur les pointillés.
Exerce-toi ensuite sans pointillés.

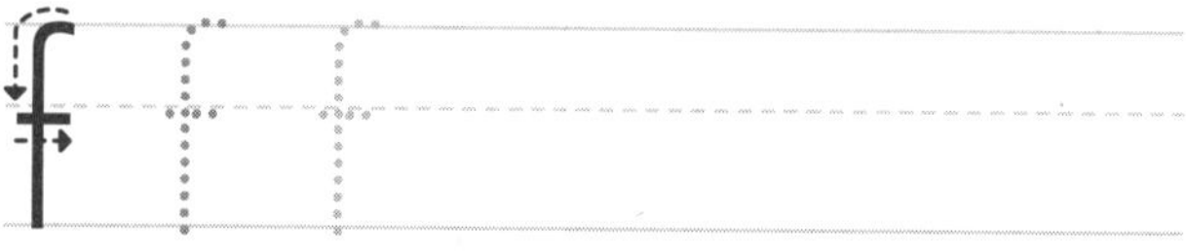

Le petit train

Entoure la lettre qui est écrite sur la locomotive dans chacun des mots du train.

émoticônes

Entoure (visage triste) quand la personne est triste.
Entoure (visage joyeux) quand la personne est joyeuse.

Le chercheur

Trouve les éléments
de gauche dans le décor.

Jeu 70

L'artiste

Aide madame l'autruche et retrace le dessin à droite.

DANS TOUS LES SENS

Entoure un des deux objets identiques. Si tu regardes la flèche qui se trouve en dessous, tu trouveras quel objet tu dois entourer.

GAUCHE

De point en point

Relie chaque point
dans l'ordre pour terminer le dessin.
Quand tu as terminé, mets de la couleur.

Les jumeaux

Encercle les deux images qui sont identiques.

A

B

C

D

SYMÉTRIE

Complète l'image.

Le casse-tête

Trouve la partie manquante de l'image.

Dessin à colorier

Amuse-toi et mets de la couleur.

Les associations

Associe les objets qui ont
un lien entre eux.

Étoile

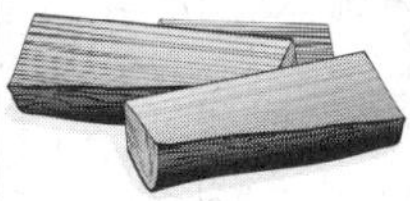
Bûches

Bottes de lutin

Rudolphe

Lutin

Sapin

Foyer

Traîneau

Les opposés

Colorie le pingouin debout en jaune
et le phoque couché en gris.

Le mouton noir

Entoure dans chaque
rangée le plus grand dessin.

L'aventurier

Aide le biscuit en pain d'épice et trace le chemin qui mène jusqu'à sa copine.

Les 4 erreurs

Regarde bien ces deux images. Trouve les quatre différences et entoure-les.

Le labyrinthe

Aide les parents à se rendre jusqu'aux grands-parents sans oublier d'aller chercher les enfants.

Les formes similaires

Relie chaque objet à la forme qu'il représente.

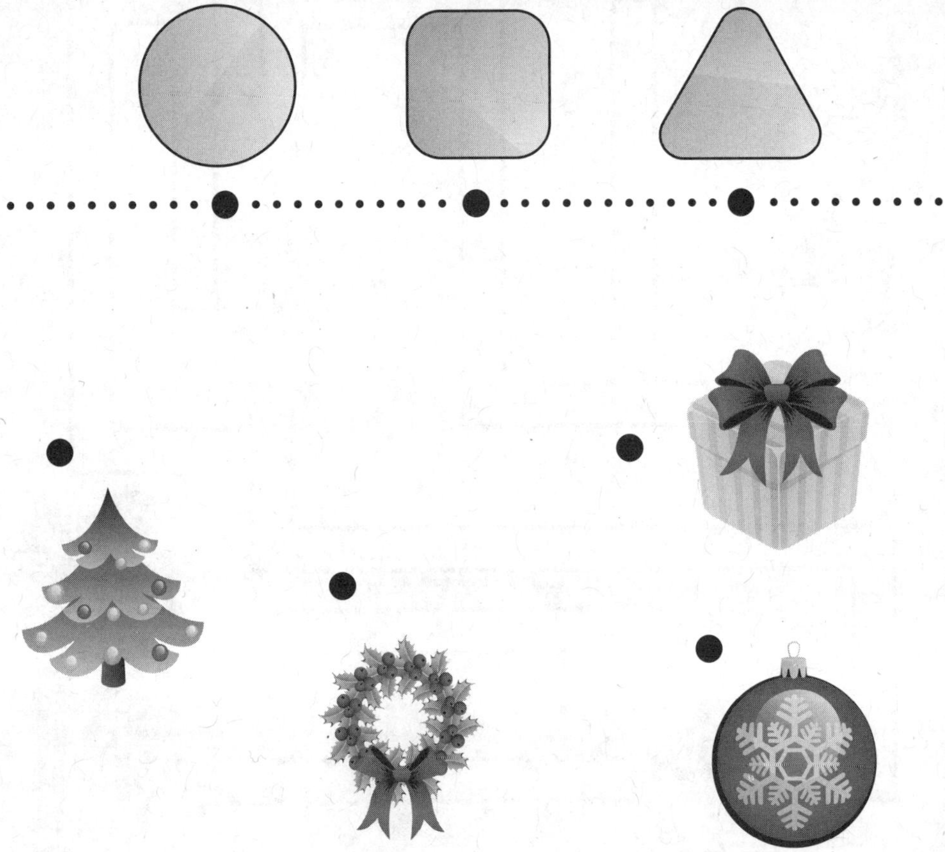

Le mathématicien

Dans chaque rangée,
entoure le nombre d'éléments qui
correspond au chiffre de gauche.

1 

4 

3 

La suite

Observe bien la suite ci-dessous. Complète la rangée en encerclant le dessin manquant.

L'identique

Associe les dessins
qui sont identiques.

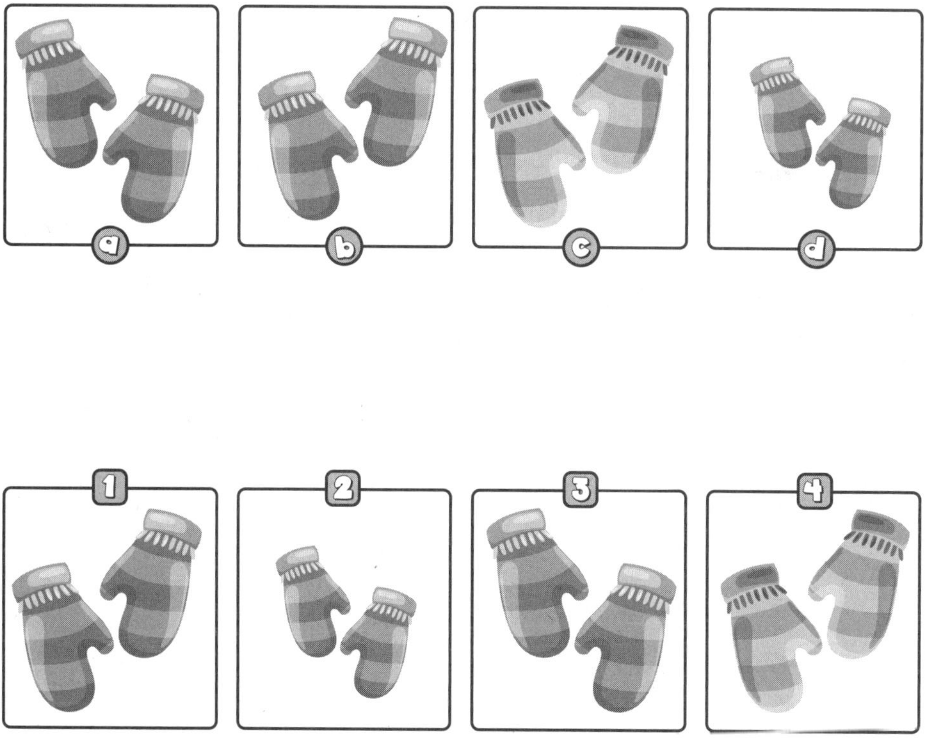

La calculatrice

Écris le nombre d'éléments dans chaque case.

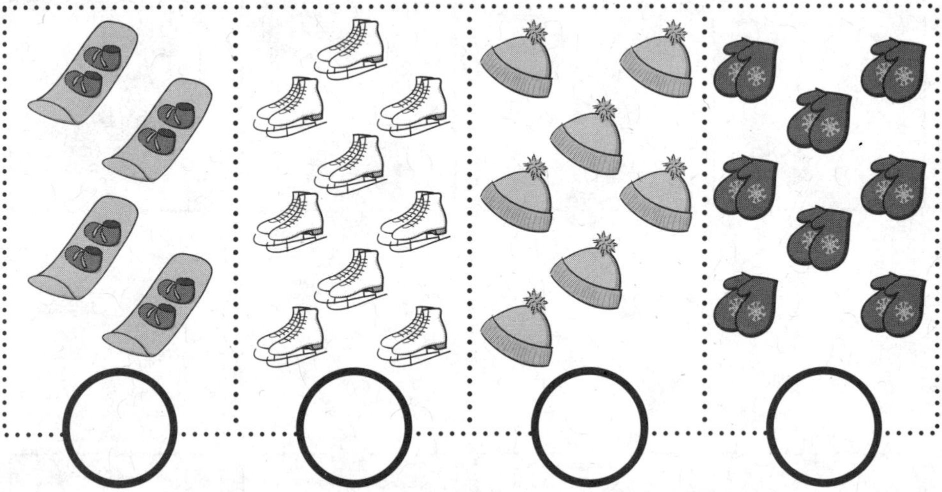

1 2 3 4 5 6 7 8 9 10

Le voyageur

Aide les enfants à se rendre jusqu'à la chorale. Suis les notes de musique et trace le chemin. Tu peux te déplacer de façon horizontale, verticale ou en diagonale.

Les doigts de la main

Entoure la main quand il y a 5 éléments dans la même rangée.

L'écrivain

Passe avec ton crayon sur les pointillés.
Exerce-toi ensuite sans pointillés.

g g g

G G

h h h

H H

Le petit train

Entoure la lettre qui est écrite sur la locomotive dans chacun des mots du train.

émoticônes

Entoure 😮 quand la personne est triste.

Entoure 😃 quand la personne est joyeuse.

Le chercheur

Trouve les éléments
de gauche dans le décor.

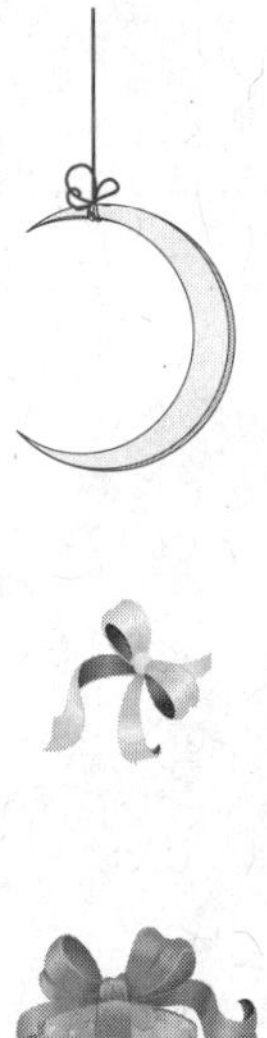

Jeu 94

L'artiste

Aide madame l'autruche et retrace les formes à droite.

Dans tous les sens

Entoure un des deux objets identiques. Si tu regardes la flèche qui se trouve en dessous, tu trouveras quel objet tu dois entourer.

DROITE

De point en point

Relie chaque point
dans l'ordre pour terminer le dessin.
Quand tu as terminé, mets de la couleur.

Les jumeaux

Encercle les deux images qui sont identiques.

A

B

C

D

Jeu 98

SYMÉTRIE

Complète l'image.

Le casse-tête

Trouve la partie manquante de l'image.

A 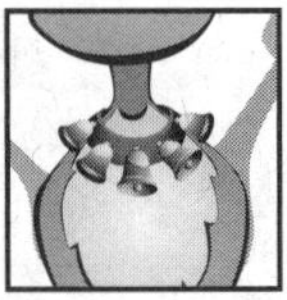

B 

C 

D 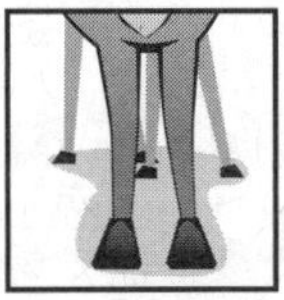

Jeu 100

Dessin à colorier

Amuse-toi et mets de la couleur.

Les associations

Associe les objets qui ont un lien entre eux.

Bâtons de ski

Bottes

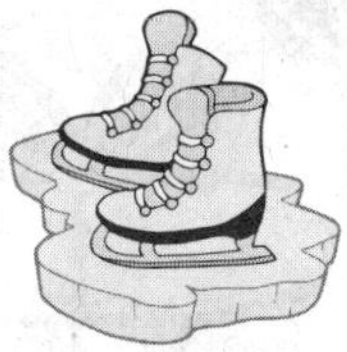

Patins

Luge

Bottes de neige

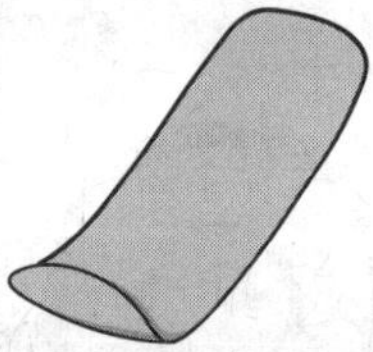

Planche

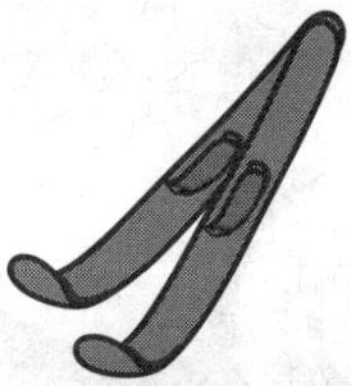

Skis

Bâton de hockey

Les opposés

Colorie l'érable en vert
et le sapin en bleu.

Le mouton noir

Entoure dans chaque rangée le plus grand dessin.

L'aventurier

Aide la ballerine et trace le chemin qui mène jusqu'à la musique.

LES 4 ERREURS

Regarde bien ces deux images. Trouve les quatre différences et entoure-les.

Le labyrinthe

Aide le hibou à se rendre à l'arbre, sans oublier d'aller chercher son ami.

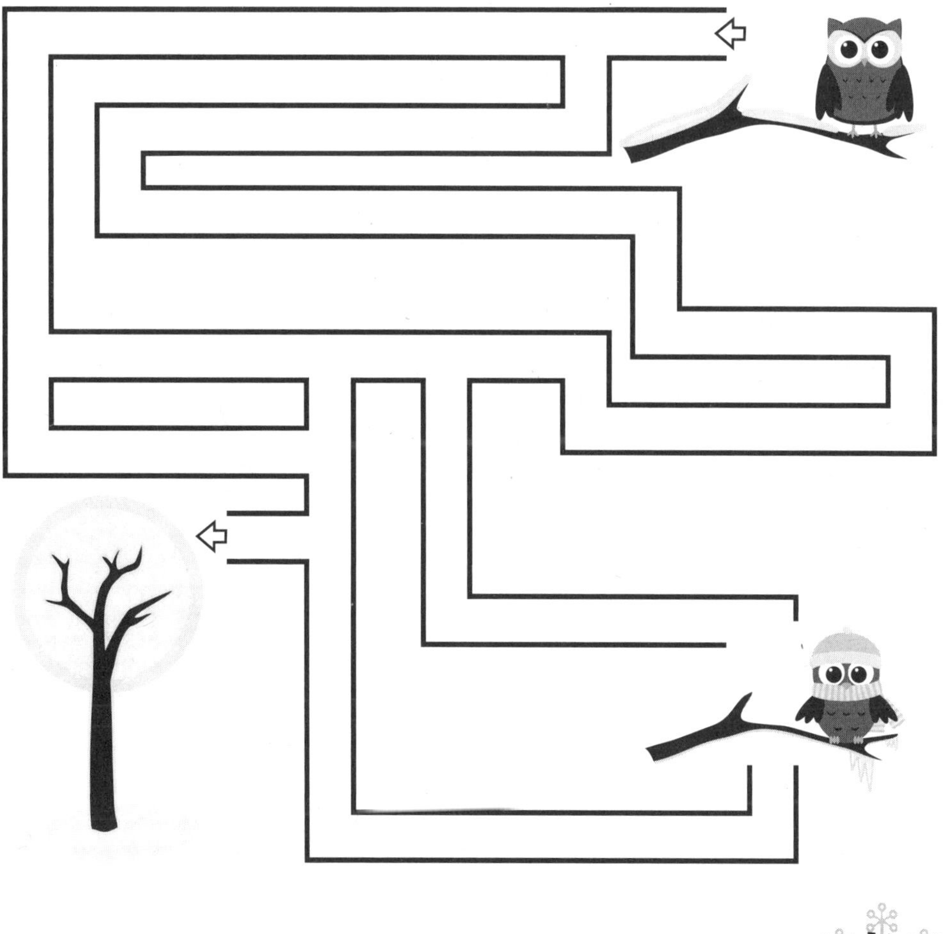

Les formes similaires

Relie chaque objet à la forme qu'il représente.

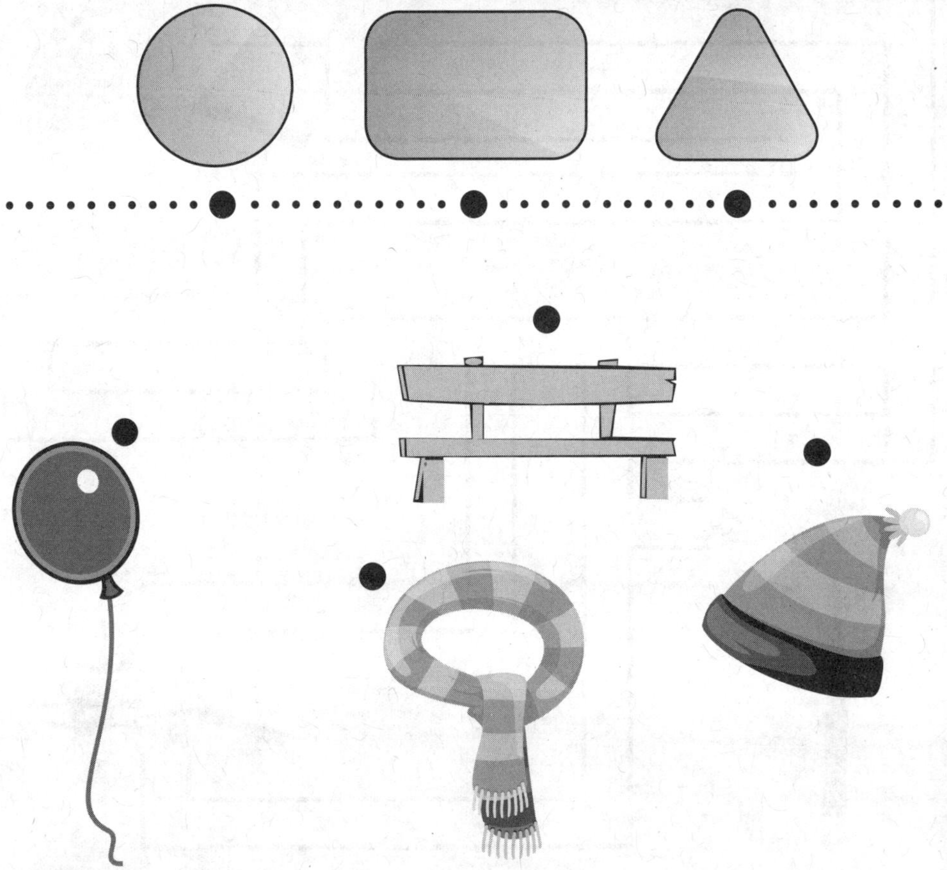

Le mathématicien

Dans chaque rangée,
entoure le nombre d'éléments qui
correspond au chiffre de gauche.

2 

5 

1 

La suite

Observe bien la suite ci-dessous. Complète la rangée en encerclant le dessin manquant.

L'identique

Associe les dessins qui sont identiques.

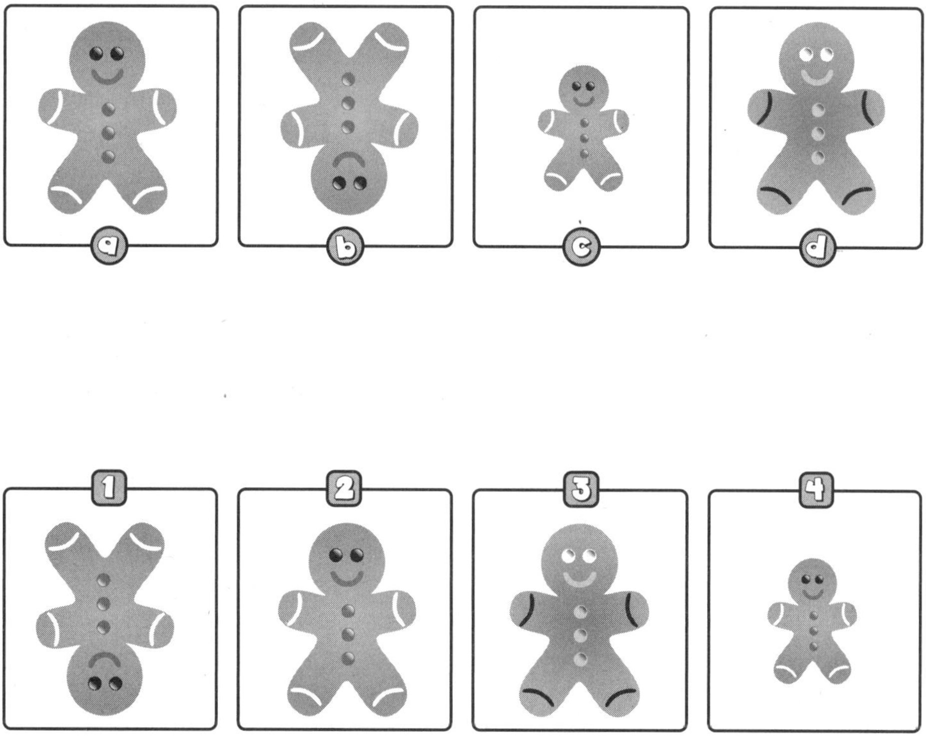

La calculatrice

Écris le nombre d'éléments dans chaque case.

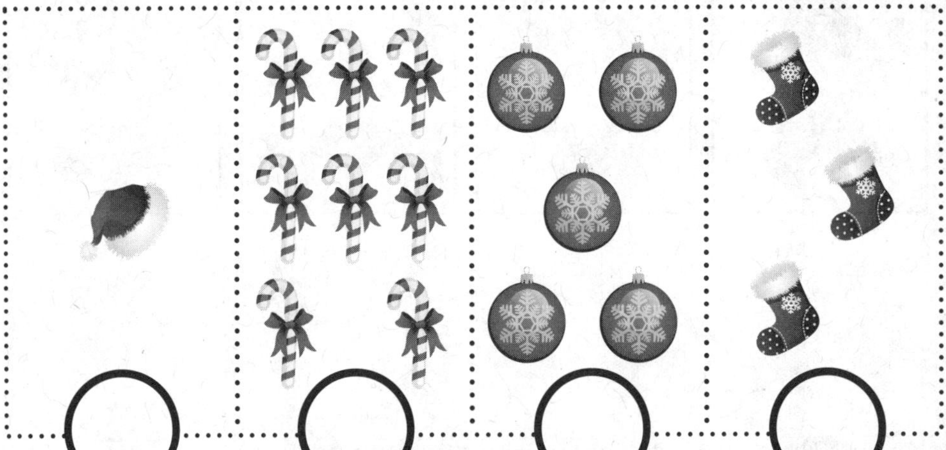

1 2 3 4 5 6 7 8 9 10

Le voyageur

Aide l'inuit à se rendre à son igloo.
Suis les luges et trace le chemin.
Tu peux te déplacer de façon horizontale, verticale ou en diagonale.

Les doigts de la main

Entoure la main quand il y a
5 éléments dans la même rangée.

L'écrivain

Passe avec ton crayon sur les pointillés.
Exerce-toi ensuite sans pointillés.

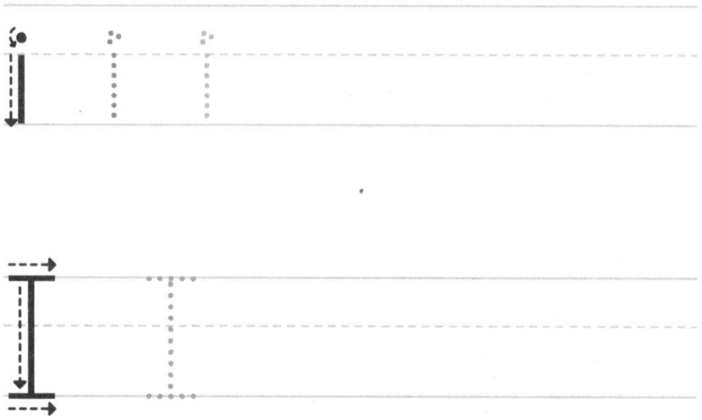

Le petit train

Entoure la lettre qui est écrite sur la locomotive dans chacun des mots du train.

émoticônes

Entoure ☹ quand le bonhomme est triste.
Entoure ☺ quand le bonhomme est joyeux.

Le chercheur

Trouve les éléments
de gauche dans le décor.

L'artiste

Aide madame l'autruche et retrace le dessin à droite.

DANS TOUS LES SENS

Entoure un des deux objets identiques. Si tu regardes la flèche qui se trouve en dessous, tu trouveras quel objet tu dois entourer.

EN BAS

Jeu 120

De point en point

Relie chaque point
dans l'ordre pour terminer le dessin.
Quand tu as terminé, mets de la couleur.

Les jumeaux

Encercle les deux images qui sont identiques.

SYMÉTRIE

Complète l'image.

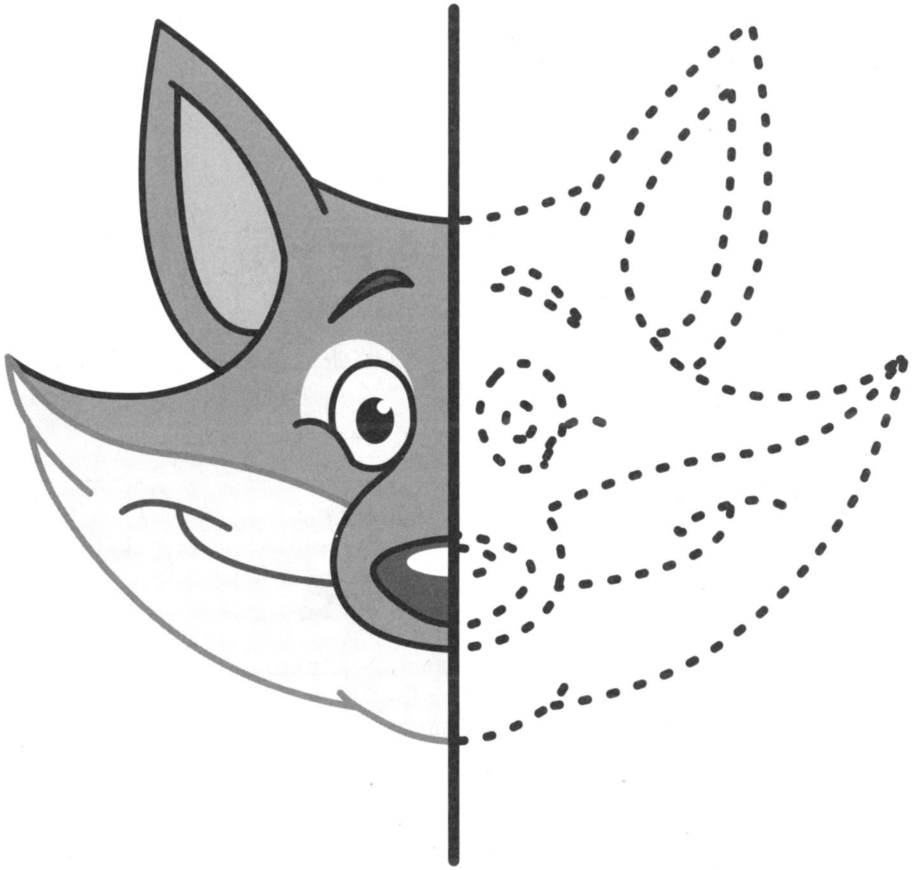

Le casse-tête

Trouve la partie manquante de l'image.

Dessin à colorier

Amuse-toi et mets de la couleur.

Les associations

Associe les objets qui ont un lien entre eux.

Tête de renne

Tête de lutin

Tête de père Noël

Tête de bonhomme de neige

Corps de bonhomme de neige

Corps de père Noël

Corps de renne

Corps de lutin

Les opposés

Colorie le sapin décoré en orange et le sapin non décoré en vert.

Le MOUTON NOIR

Entoure dans chaque rangée le plus grand dessin.

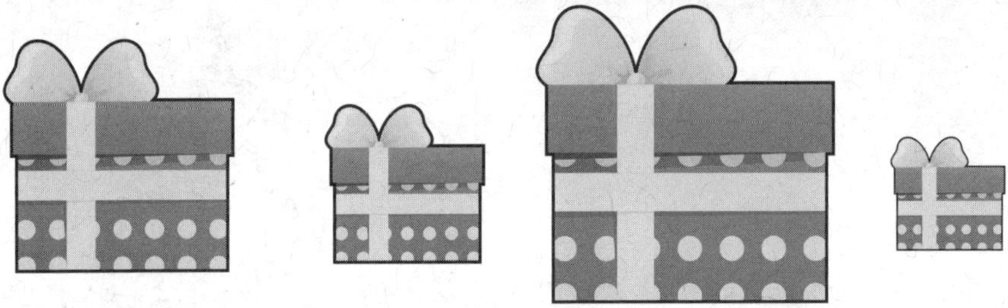

L'aventurier

Aide le lapin et trace le chemin
qui mène jusqu'à sa copine.

Les 4 erreurs

Regarde bien ces deux images. Trouve les quatre différences et entoure-les.

Le labyrinthe

Aide le skieur à se rendre jusqu'aux montagnes.

Les formes similaires

Relie chaque objet à la forme qu'il représente.

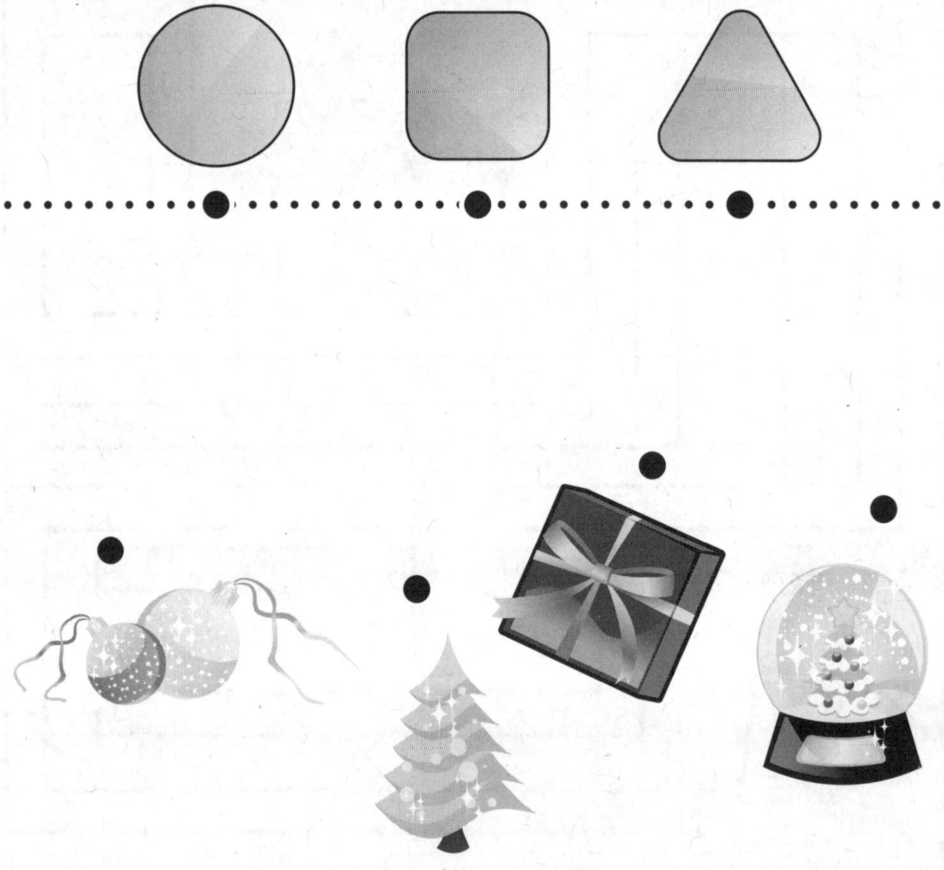

Le mathématicien

Dans chaque rangée,
entoure le nombre d'éléments qui
correspond au chiffre de gauche.

4 

1 

2 

La suite

Observe bien la suite ci-dessous. Complète la rangée en encerclant le dessin manquant.

L'identique

Associe les dessins
qui sont identiques.

La calculatrice

Écris le nombre d'éléments
dans chaque case.

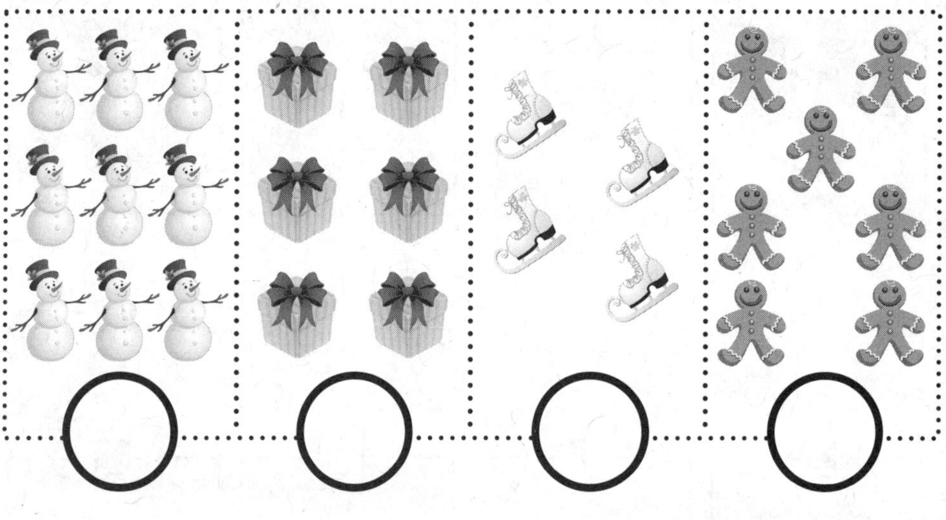

1 2 3 4 5 6 7 8 9 10

Le VOYAGEUR

Aide la souris à rejoindre ses amis.
Suis le chat et trace le chemin.
Tu peux te déplacer de façon horizontale, verticale ou en diagonale.

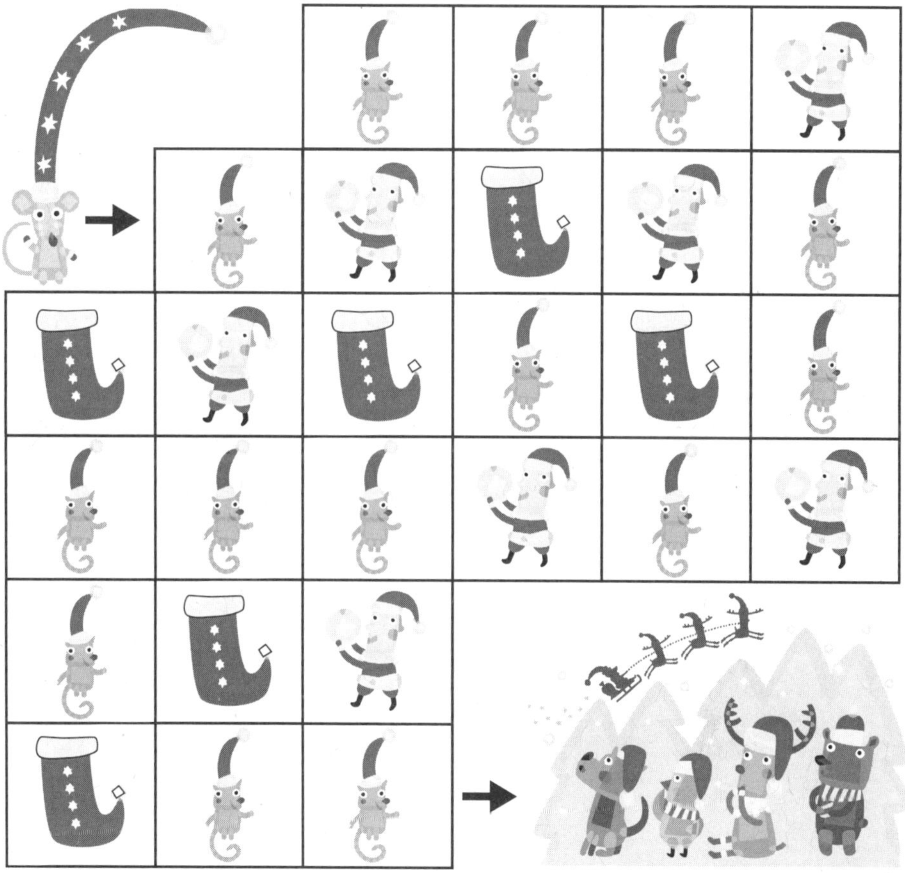

Les doigts de la main

Entoure la main quand il y a
5 éléments dans la même rangée.

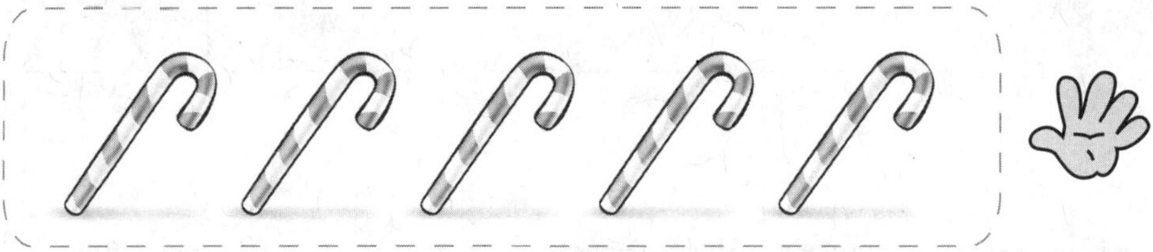

L'écrivain

Passe avec ton crayon sur les pointillés.
Exerce-toi ensuite sans pointillés.

k k k

K K

l l l

L L

Le petit train

Entoure la lettre qui est écrite sur la locomotive dans chacun des mots du train.

émoticônes

Entoure quand la personne est triste.

Entoure quand la personne est joyeuse.

Jeu 141

Le chercheur

Trouve les éléments de gauche dans le décor.

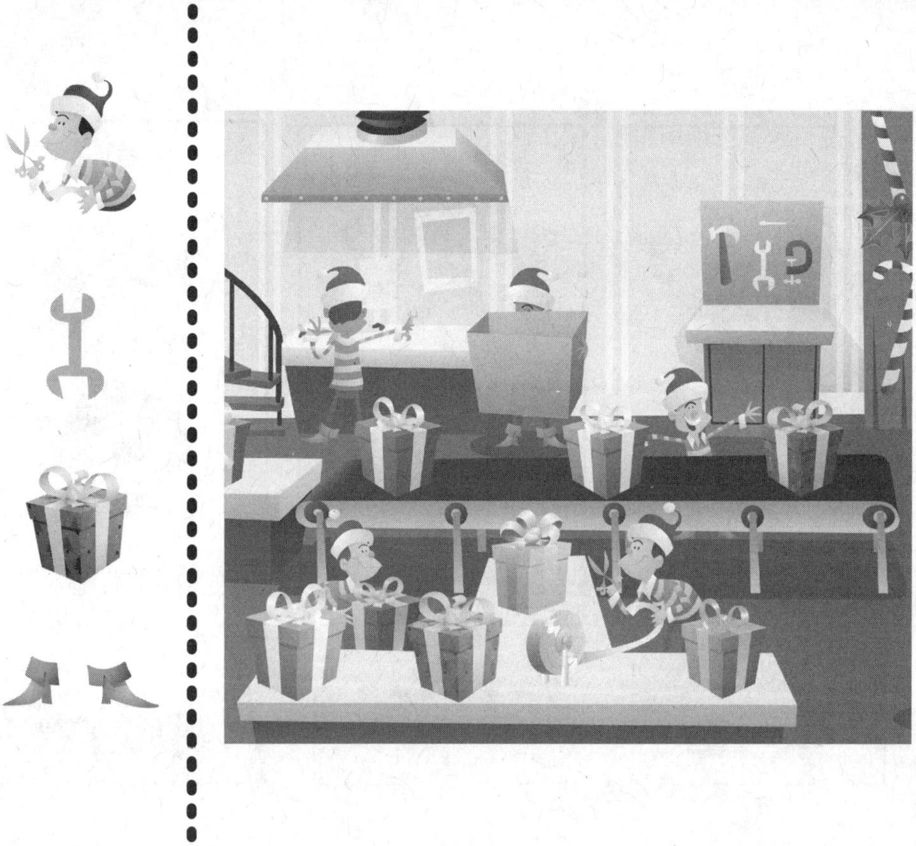

L'artiste

Aide madame l'autruche et retrace le dessin à droite.

Dans tous les sens

Entoure un des deux objets identiques. Si tu regardes la flèche qui se trouve en dessous, tu trouveras quel objet tu dois entourer.

EN HAUT

Jeu 144

De point en point

Relie chaque point
dans l'ordre pour terminer le dessin.
Quand tu as terminé, mets de la couleur.

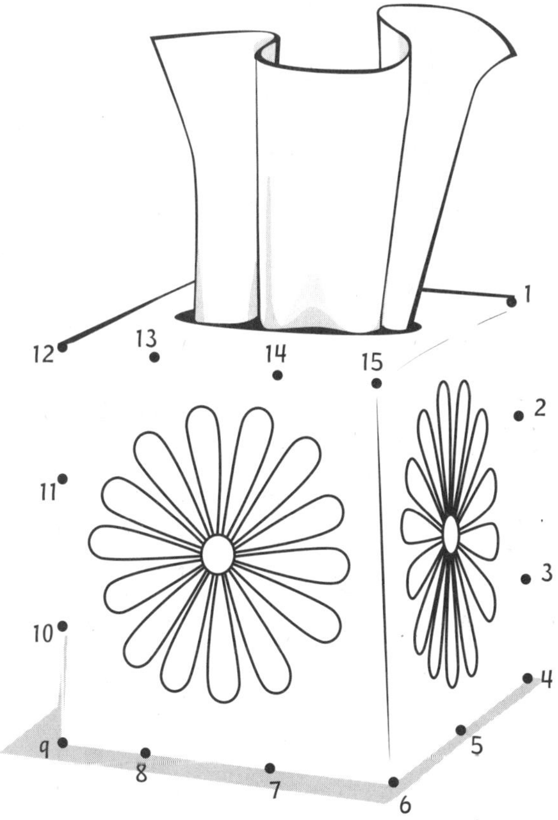

Les jumeaux

Encercle les deux images qui sont identiques.

A

B

C

D

SYMÉTRIE

Complète l'image.

Le casse-tête

Trouve la partie manquante de l'image.

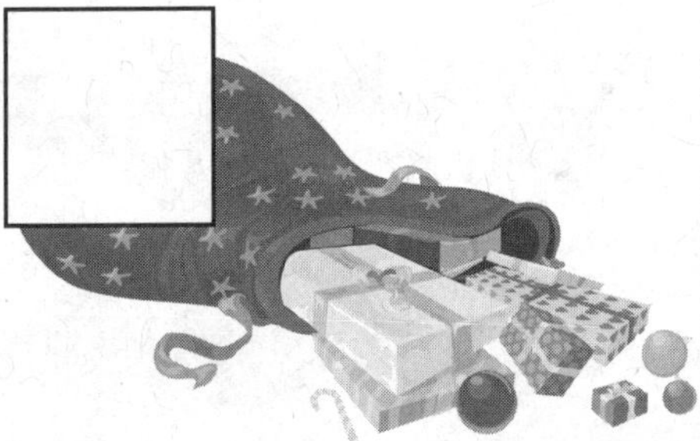

A

B

C

D

Dessin à colorier

Amuse-toi et mets de la couleur.

Jeu 149

Les associations

Associe les objets qui ont un lien entre eux.

Traîneau

Cheminée

Boucle

Chants

Maison

Chorale

Renne

Couronne

Jeu 150

Les opposés

Colorie l'animal qui dort l'hiver en brun
et celui qui n'hiberne pas en bleu.

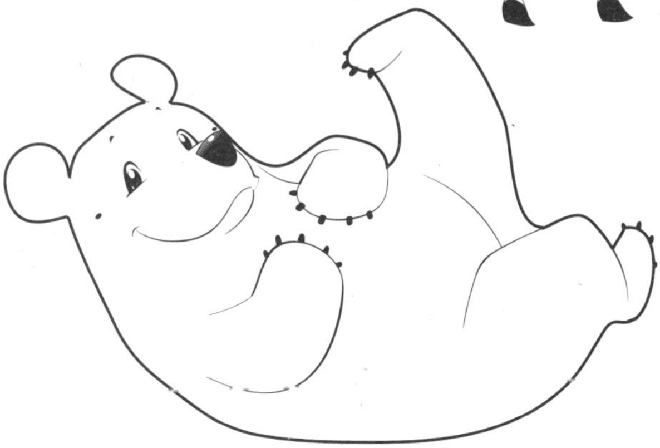

Le MOUTON NOIR

Entoure dans chaque
rangée le plus grand dessin.

L'aventurier

Aide le père Noël et trace le chemin
qui mène jusqu'à sa lettre.

Les 4 erreurs

Regarde bien ces deux images. Trouve les quatre différences et entoure-les.

Jeu 154

Le labyrinthe

Aide le garçon à se rendre à son fort de neige.

Jeu 155

Les formes similaires

Relie chaque objet à la forme qu'il représente.

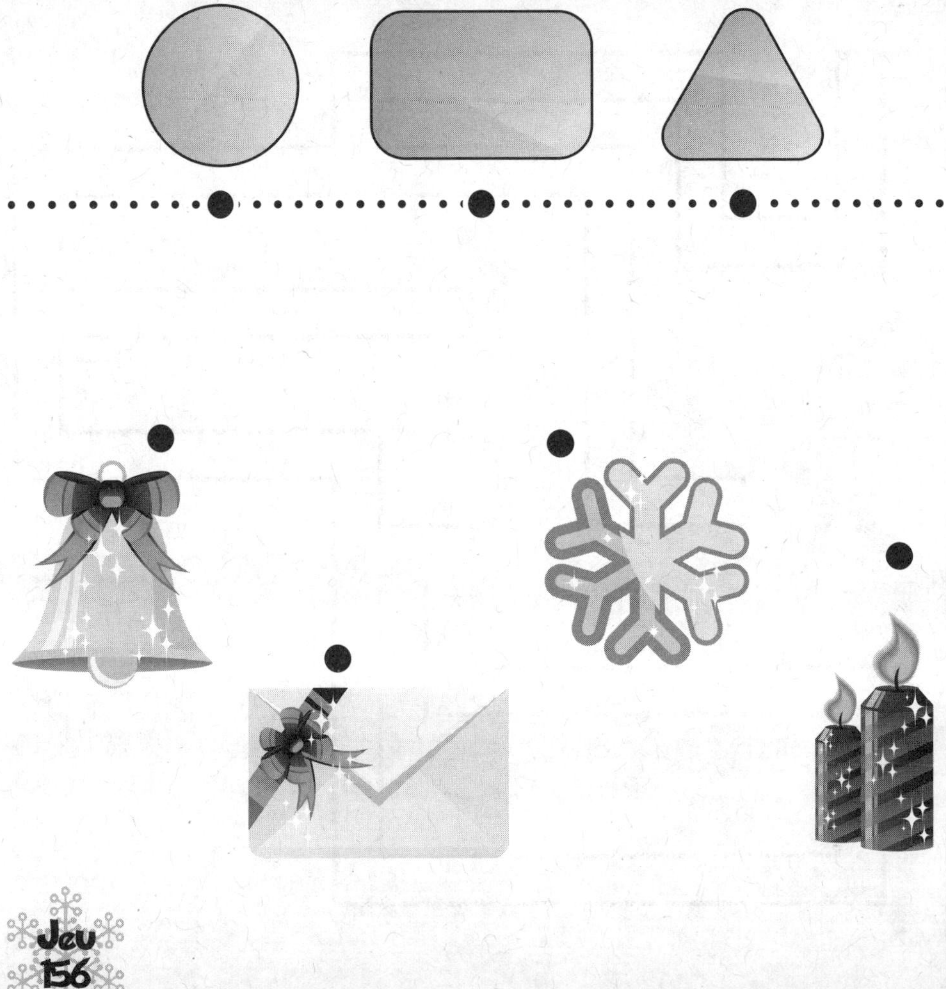

Le mathématicien

Dans chaque rangée,
entoure le nombre d'éléments qui
correspond au chiffre de gauche.

3 

4 

2 

La suite

Observe bien la suite ci-dessous. Complète la rangée en encerclant le dessin manquant.

L'identique

Associe les dessins
qui sont identiques.

La calculatrice

Écris le nombre d'éléments dans chaque case.

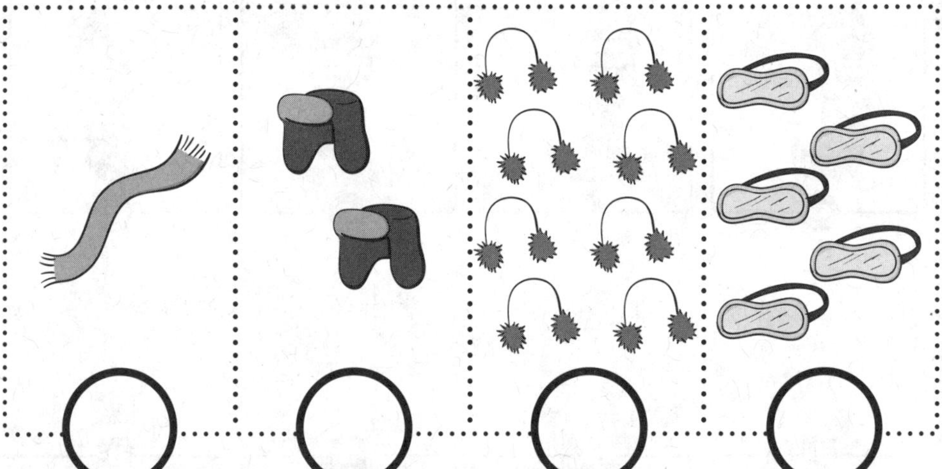

1 2 3 4 5 6 7 8 9 10

Le voyageur

Aide le père Noël à apporter ses cadeaux sous le sapin. Suis le lutin et trace le chemin. Tu peux te déplacer de façon horizontale, verticale ou en diagonale.

Jeu 161

Les doigts de la main

Entoure la main quand il y a
5 éléments dans la même rangée.

L'écrivain

Passe avec ton crayon sur les pointillés.
Exerce-toi ensuite sans pointillés.

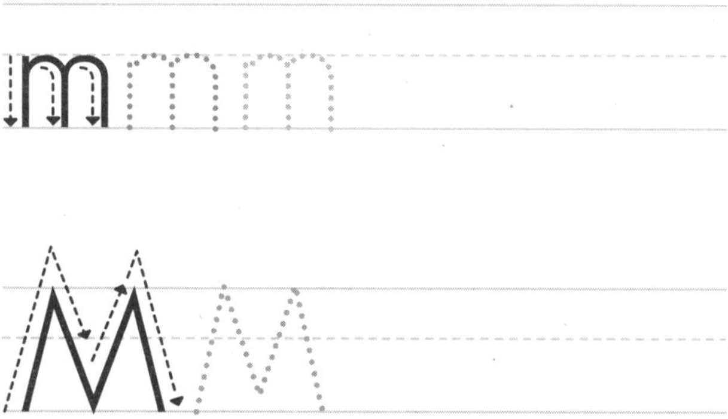

Le petit train

Entoure la lettre qui est écrite sur la locomotive dans chacun des mots du train.

émoticônes

Entoure 😮 quand la personne est triste.

Entoure 😃 quand la personne est joyeuse.

Le chercheur

Trouve les éléments de gauche dans le décor.

L'artiste

Aide madame l'autruche et retrace les dessins à droite.

DANS TOUS LES SENS

Entoure un des deux objets identiques. Si tu regardes la flèche qui se trouve en dessous, tu trouveras quel objet tu dois entourer.

GAUCHE

De point en point

Relie chaque point
dans l'ordre pour terminer le dessin.
Quand tu as terminé, mets de la couleur.

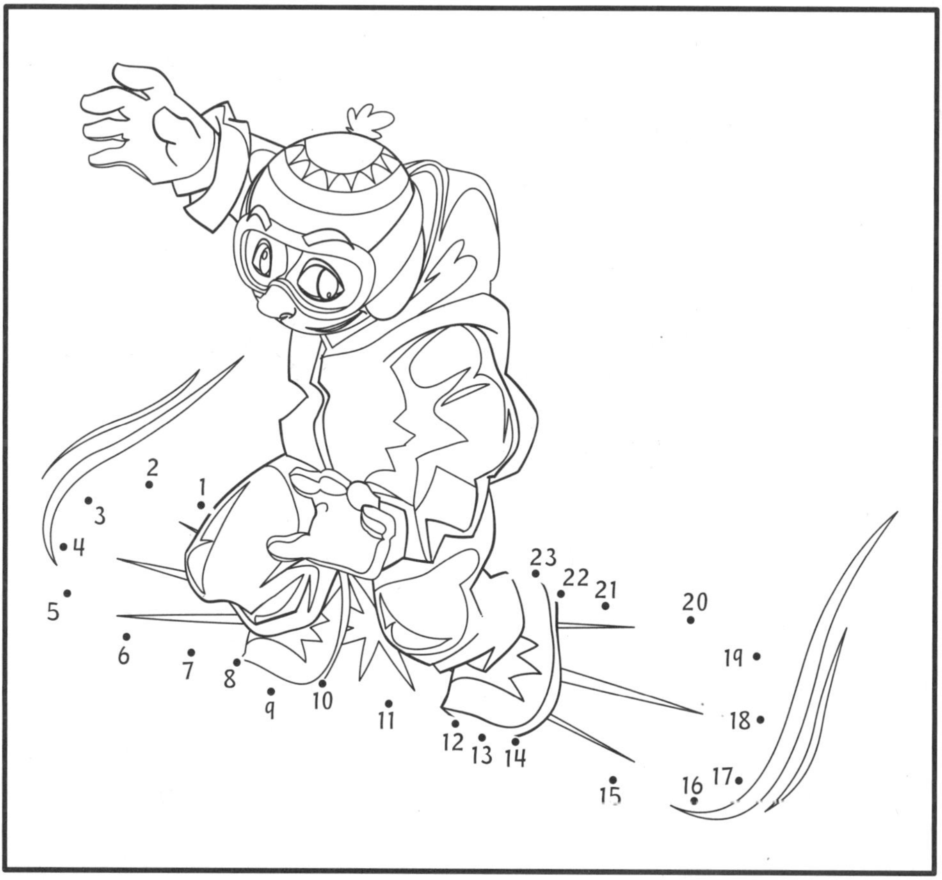

Les jumeaux

Encercle les deux images
qui sont identiques.

A

B

C

D

SYMÉTRIE

Complète l'image.

Le casse-tête

Trouve la partie manquante de l'image.

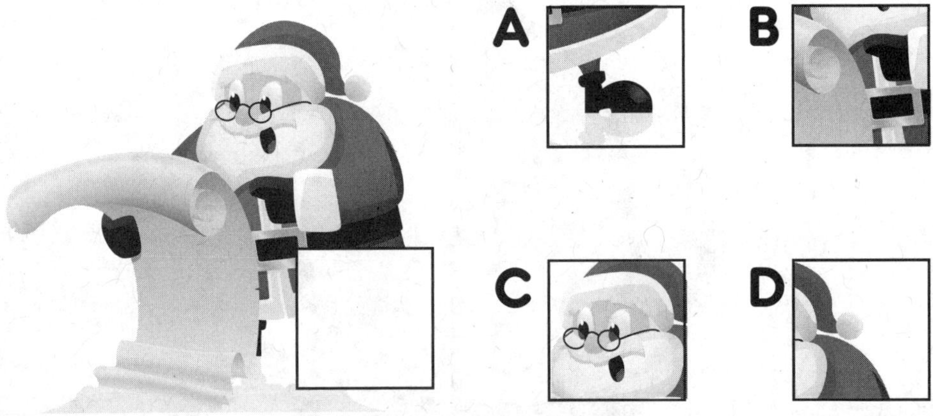

Dessin à colorier

Amuse-toi et mets de la couleur.

Les associations

Associe les objets qui ont
un lien entre eux.

Papa

Sœur

Biscuit garçon

Glace

Frère

Biscuit fille

Maman

Igloo

Les opposés

Colorie le petit cadeau en orange
et le gros cadeau en vert.

Le MOUTON NOIR

Entoure dans chaque rangée le plus grand dessin.

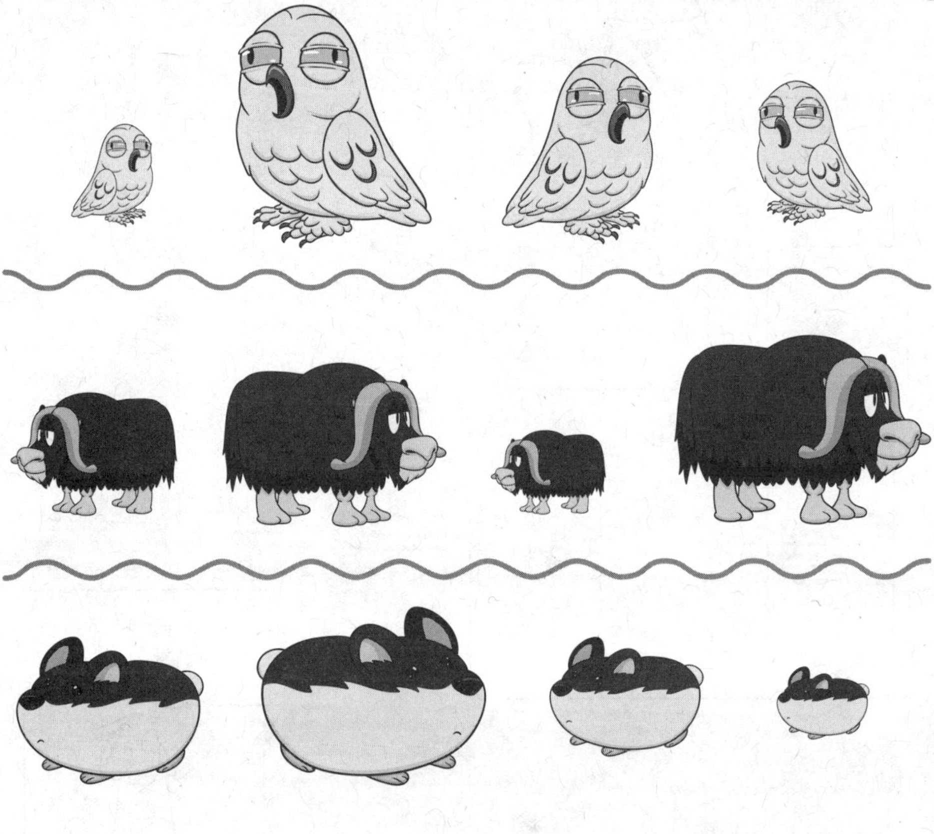

L'aventurier

Aide le skieur d'en haut et trace le chemin qui mène jusqu'au skieur d'en bas.

Les 4 erreurs

Regarde bien ces deux images. Trouve les quatre différences et entoure-les.

Jeu 178

Le labyrinthe

Aide la fillette à se rendre jusqu'au bonhomme de neige. N'oublie pas de ramasser les roches, le chapeau et la carotte!

Les formes similaires

Relie chaque objet à la forme qu'il représente.

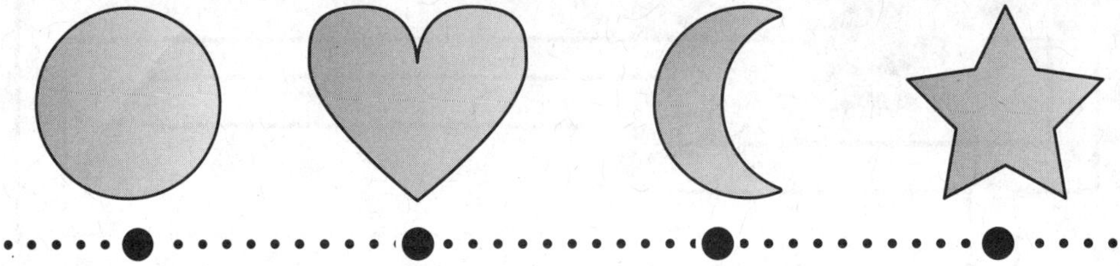

Le mathématicien

Dans chaque rangée,
entoure le nombre d'éléments qui
correspond au chiffre de gauche.

5 

1 

4 

La suite

Observe bien la suite ci-dessous. Complète la rangée en encerclant le dessin manquant.

L'identique

Associe les dessins qui sont identiques.

a

b

c

d

1

2

3

4

La calculatrice

Écris le nombre d'éléments dans chaque case.

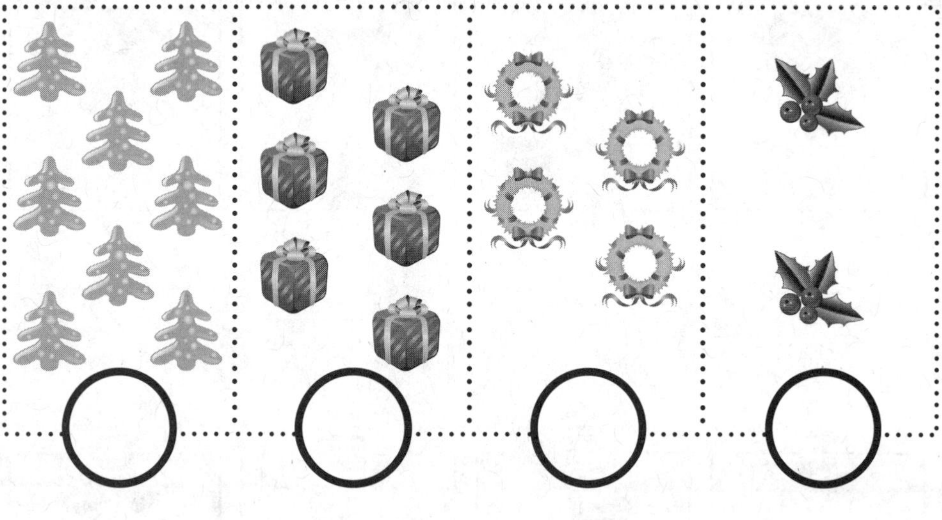

1 2 3 4 5 6 7 8 9 10

Le voyageur

Aide la cocotte à retrouver le sapin. Suis les lutins et trace le chemin. Tu peux te déplacer de façon horizontale, verticale ou en diagonale.

Les doigts de la main

Entoure la main quand il y a
5 éléments dans la même rangée.

L'écrivain

Passe avec ton crayon sur les pointillés.
Exerce-toi ensuite sans pointillés.

Le petit train

Entoure la lettre qui est écrite sur la locomotive dans chacun des mots du train.

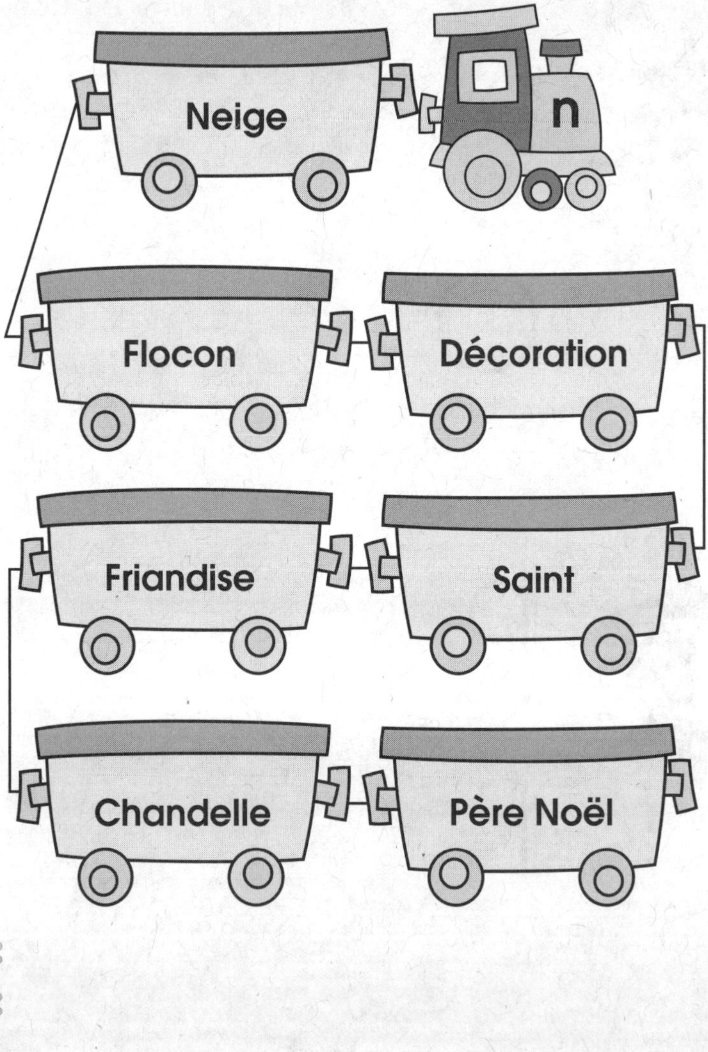

émoticônes

Entoure (triste) quand la personne est triste.
Entoure (joyeux) quand la personne est joyeuse.

Le chercheur

Trouve les éléments
de gauche dans le décor.

L'artiste

Aide madame l'autruche et
retrace les lettres à droite.

j

K

Dans tous les sens

Entoure un des deux objets identiques. Si tu regardes la flèche qui se trouve en dessous, tu trouveras quel objet tu dois entourer.

DROITE

Jeu 192

De point en point

Relie chaque point
dans l'ordre pour terminer le dessin.
Quand tu as terminé, mets de la couleur.

Les jumeaux

Encercle les deux images qui sont identiques.

A

B

C

D

SYMÉTRIE

Complète l'image.

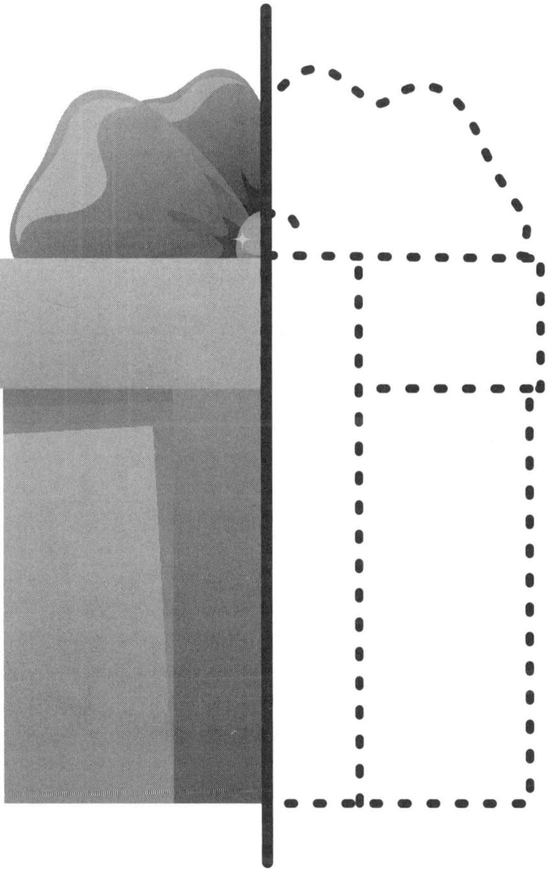

Le casse-tête

Trouve la partie manquante de l'image.

A 

B 

C 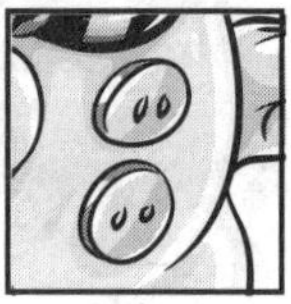

D 

Dessin à colorier

Amuse-toi et mets de la couleur.

Les associations

Associe les objets qui ont
un lien entre eux.

Jouets

Console de jeux

Tableau de peinture

Bouclier

Coffre à jouets

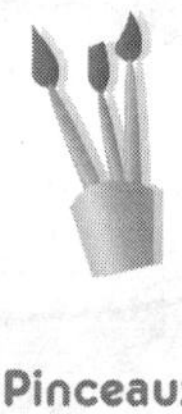

Pinceaux

Château

Télévision

Les opposés

Colorie la chandelle allumée en jaune
et celle éteinte en bleu.

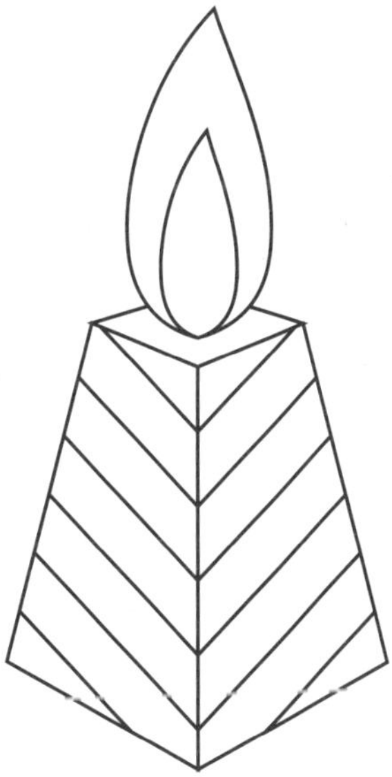

Le mouton noir

Entoure dans chaque rangée le plus grand dessin.

L'aventurier

Aide le crapaud et trace le chemin qui mène jusqu'à son amoureuse.

Les 4 erreurs

Regarde bien ces deux images. Trouve les quatre différences et entoure-les.

Jeu 202

Le labyrinthe

Aide la jeune fille à se rendre jusqu'à la chandelle. N'oublie pas de prendre l'allumette pour pouvoir allumer celle-ci.

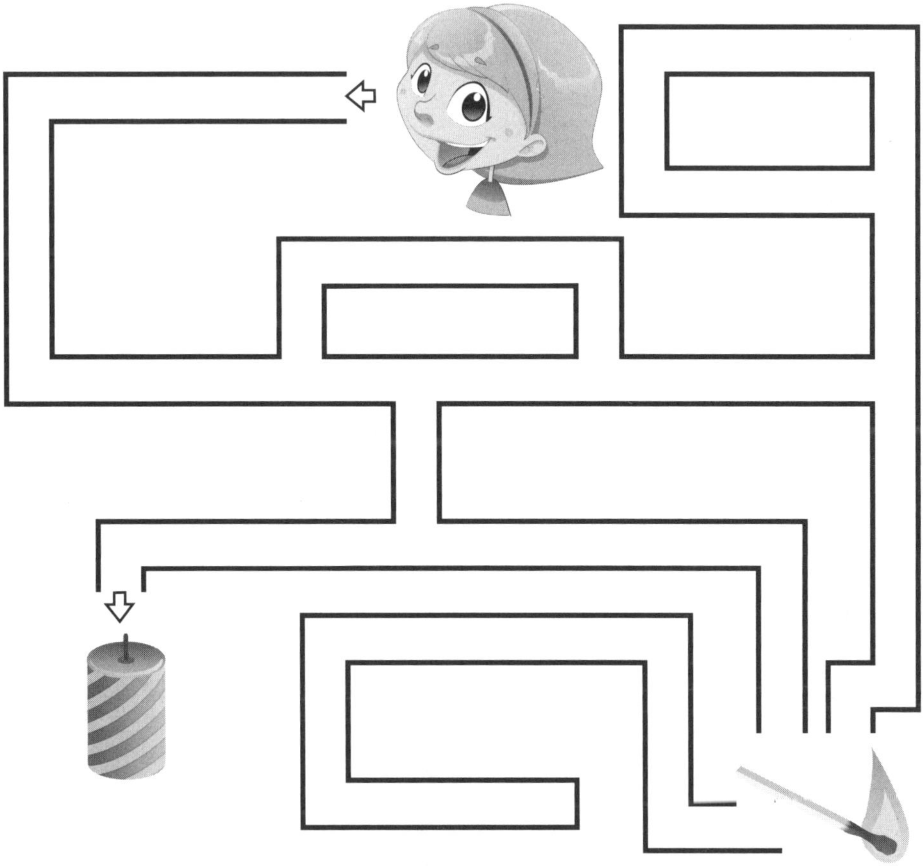

Jeu 203

Les formes similaires

Relie chaque objet à la forme qu'il représente.

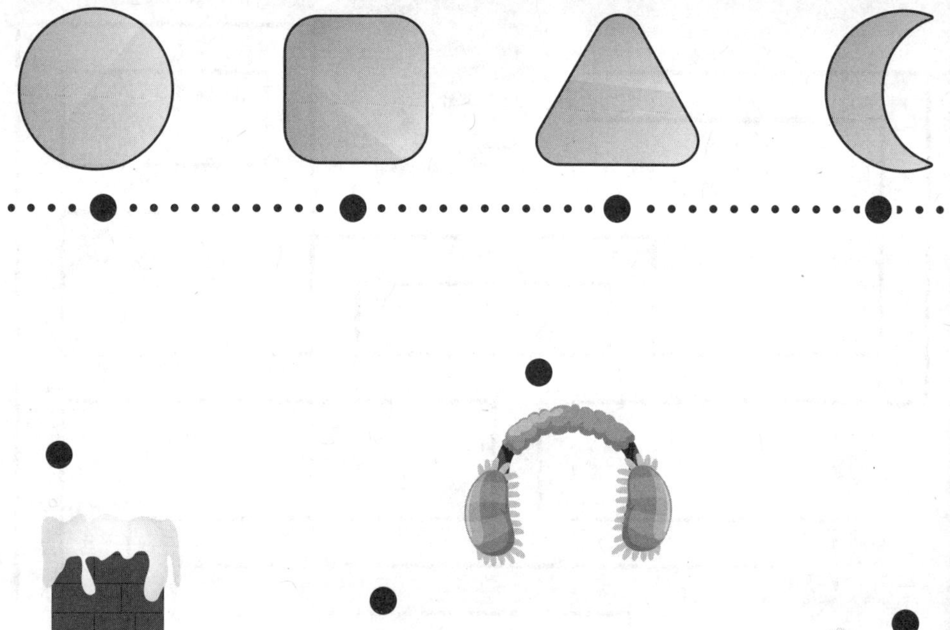

Le mathématicien

Dans chaque rangée,
entoure le nombre d'éléments qui
correspond au chiffre de gauche.

2 

3 

4 

La suite

Observe bien la suite ci-dessous. Complète la rangée en encerclant le dessin manquant.

L'identique

Associe les dessins
qui sont identiques.

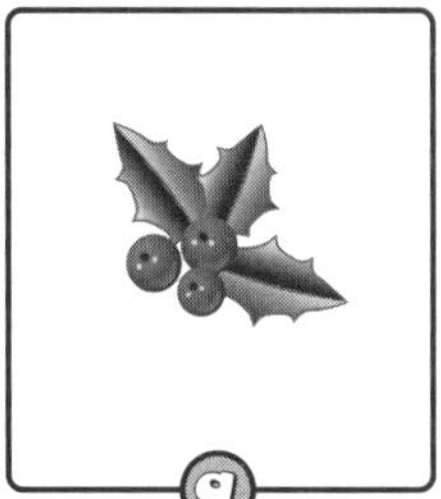

a

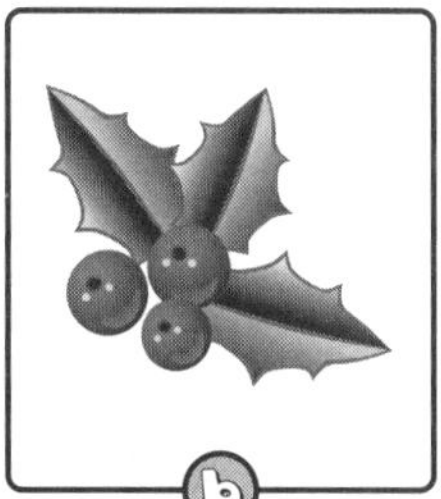

b

c

d

1

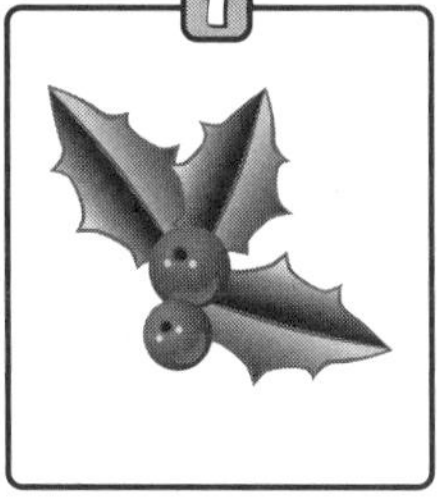

2

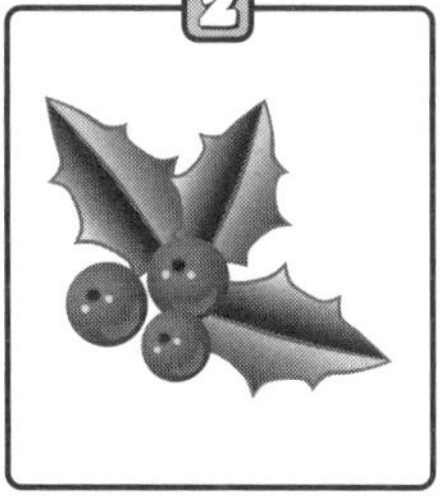

3

4

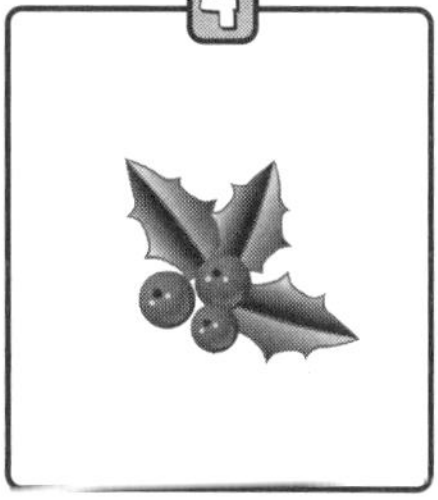

La calculatrice

Écris le nombre d'éléments dans chaque case.

1 2 3 4 5 6 7 8 9 10

Le voyageur

Aide le renne à se rendre jusqu'à ses amis qui dansent. Suis les flocons et trace le chemin. Tu peux te déplacer de façon horizontale, verticale ou en diagonale.

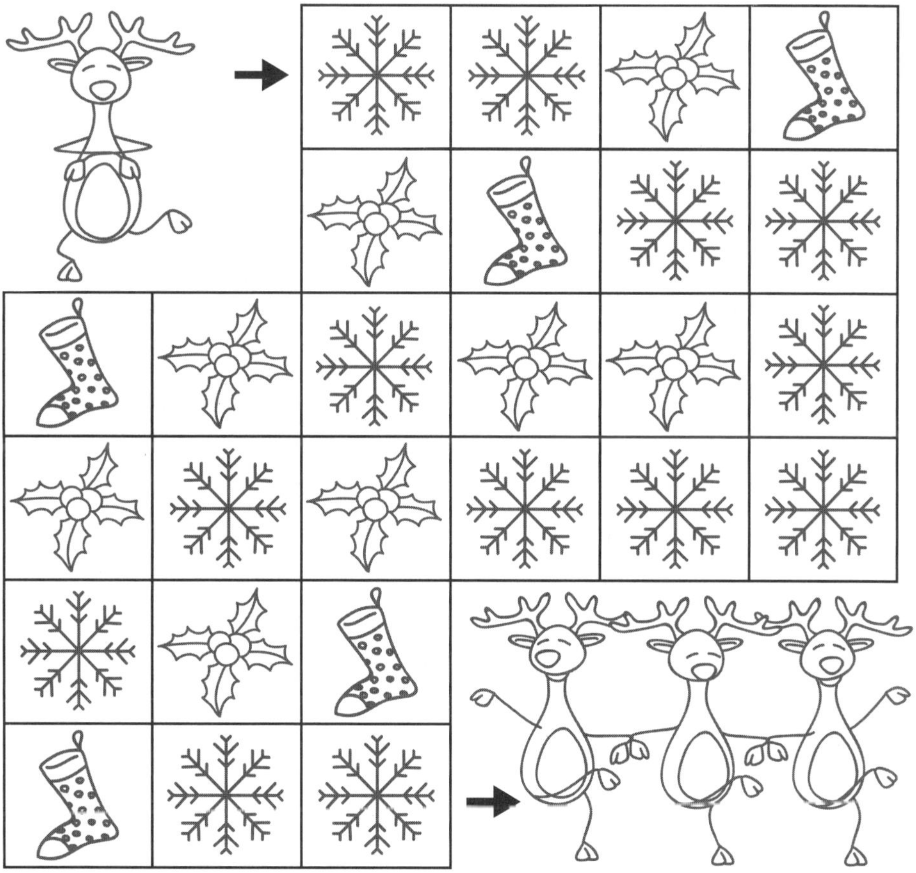

Les doigts de la main

Entoure la main quand il y a
5 éléments dans la même rangée.

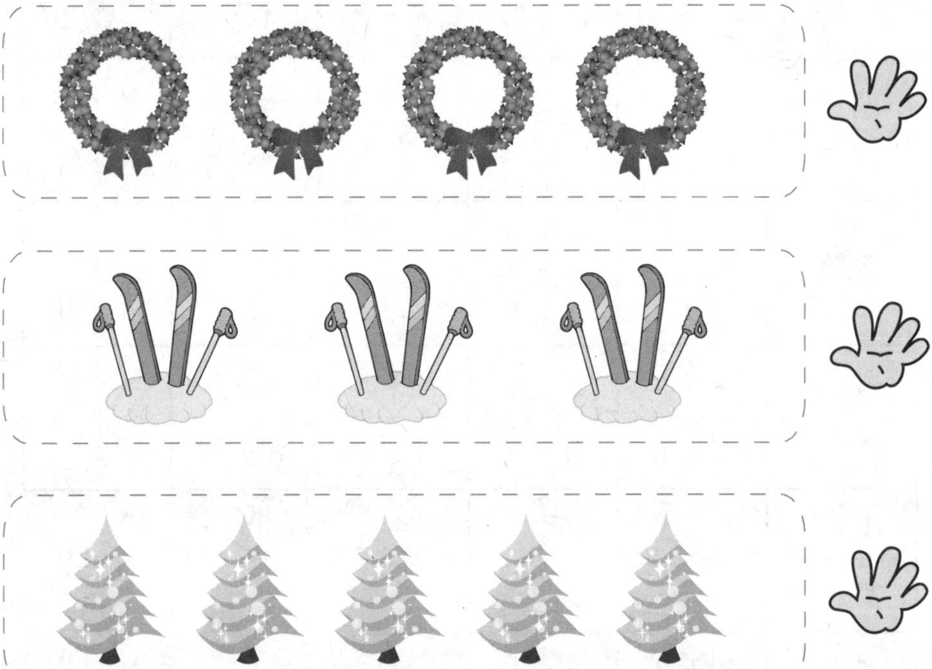

L'écrivain

Passe avec ton crayon sur les pointillés.
Exerce-toi ensuite sans pointillés.

q q q

Q Q

r r r

R R

Le petit train

Entoure la lettre qui est écrite sur la locomotive dans chacun des mots du train.

émoticônes

Entoure 😮 quand le pingouin est triste.

Entoure 😀 quand le pingouin est joyeux.

Le chercheur

Trouve les éléments
de gauche dans le décor.

Jeu 24

L'artiste

Aide madame l'autruche et
retrace le dessin à droite.

Dans tous les sens

Entoure un des deux objets identiques. Si tu regardes la flèche qui se trouve en dessous, tu trouveras quel objet tu dois entourer.

EN HAUT

De point en point

Relie chaque point
dans l'ordre pour terminer le dessin.
Quand tu as terminé, mets de la couleur.

Les jumeaux

Encercle les deux images qui sont identiques.

A

B

C

D

SYMÉTRIE

Complète l'image.

Le casse-tête

A
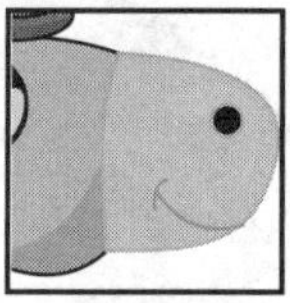

B
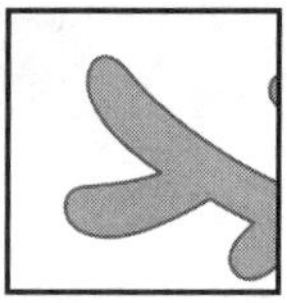

C
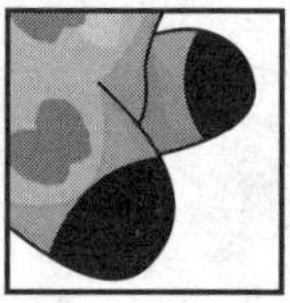

D

Dessin à colorier

Amuse-toi et mets de la couleur.

Les associations

Associe les objets qui ont un lien entre eux.

Fruits rouges

Canne

Carotte

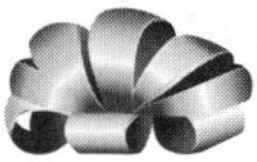

Chou

Feuille de houx

Bonhomme de neige

Bonbons

Cadeau

Les opposés

Colorie la petite étoile en bleu
et la grosse étoile en jaune.

Le mouton noir

Entoure dans chaque
rangée le plus grand dessin.

L'aventurier

Aide la lettre et trace le chemin qui mène jusqu'à la boîte aux lettres.

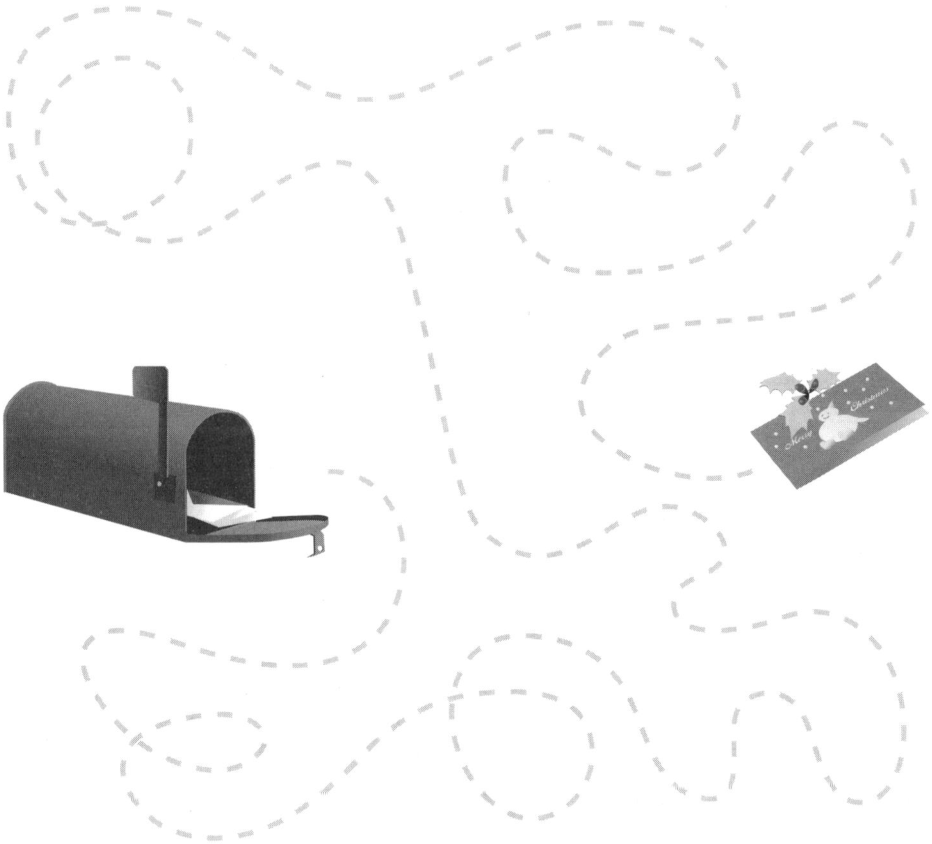

Les 4 erreurs

Regarde bien ces deux images. Trouve les quatre différences et entoure-les.

Le labyrinthe

Aide les enfants à se rendre au bouquet de ballons.

Les formes similaires

Relie chaque objet à la forme qu'il représente.

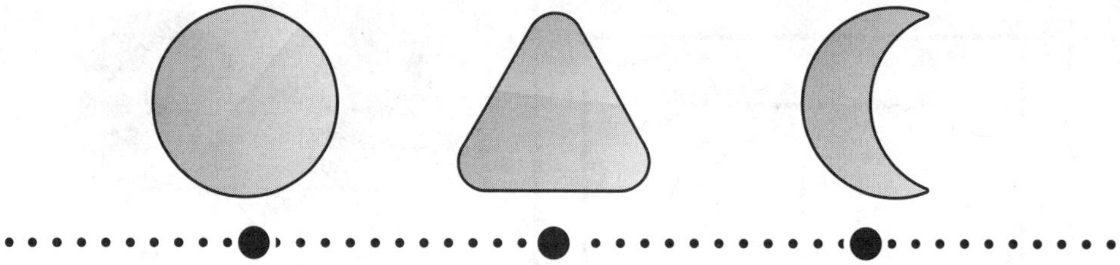

Le mathématicien

Dans chaque rangée,
entoure le nombre d'éléments qui
correspond au chiffre de gauche.

1 

2 

3 

La suite

Observe bien la suite ci-dessous. Complète la rangée en encerclant le dessin manquant.

Jeu 230

L'identique

Associe les dessins
qui sont identiques.

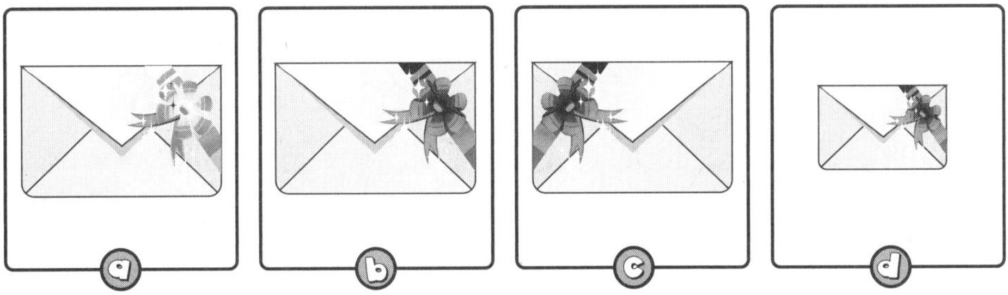

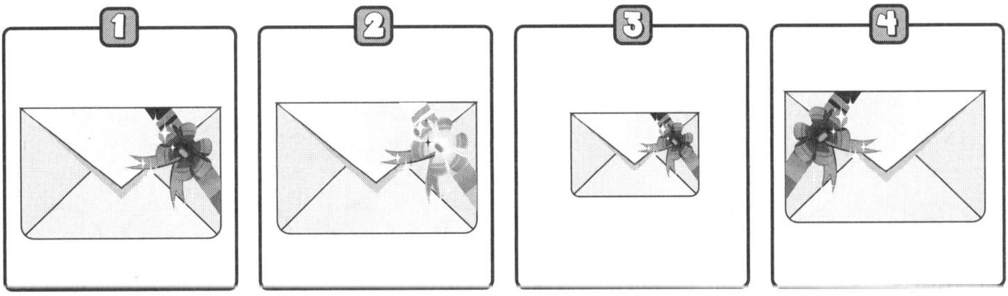

Jeu 231

La calculatrice

Écris le nombre d'éléments dans chaque case.

1 2 3 4 5 6 7 8 9 10

Le voyageur

Aide l'ours polaire à se rendre au pôle nord. Suis les glaces et trace le chemin. Tu peux te déplacer de façon horizontale, verticale ou en diagonale.

Les doigts de la main

Entoure la main quand il y a
5 éléments dans la même rangée.

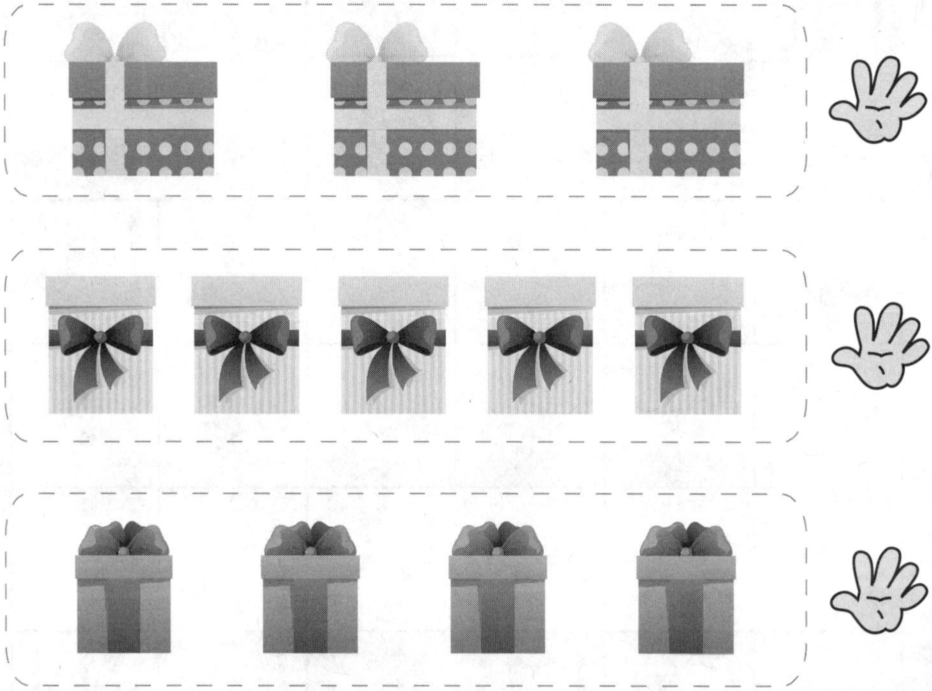

L'écrivain

Passe avec ton crayon sur les pointillés.
Exerce-toi ensuite sans pointillés.

s s s

S S

t t t

T T

Le petit train

Entoure la lettre qui est écrite sur la locomotive dans chacun des mots du train.

émoticônes

Entoure 😮 quand l'animal est triste.

Entoure 😀 quand l'animal est joyeux.

Jeu 237

Le chercheur

Trouve les éléments
de gauche dans le décor.

L'artiste

Aide madame l'autruche et retrace le dessin à droite.

Dans tous les sens

Entoure un des deux objets identiques. Si tu regardes la flèche qui se trouve en dessous, tu trouveras quel objet tu dois entourer.

DROITE

Jeu 240

De point en point

Relie chaque point
dans l'ordre pour terminer le dessin.
Quand tu as terminé, mets de la couleur.

Les jumeaux

Encercle les deux images
qui sont identiques.

A

B

C

D

SYMÉTRIE

Complète l'image.

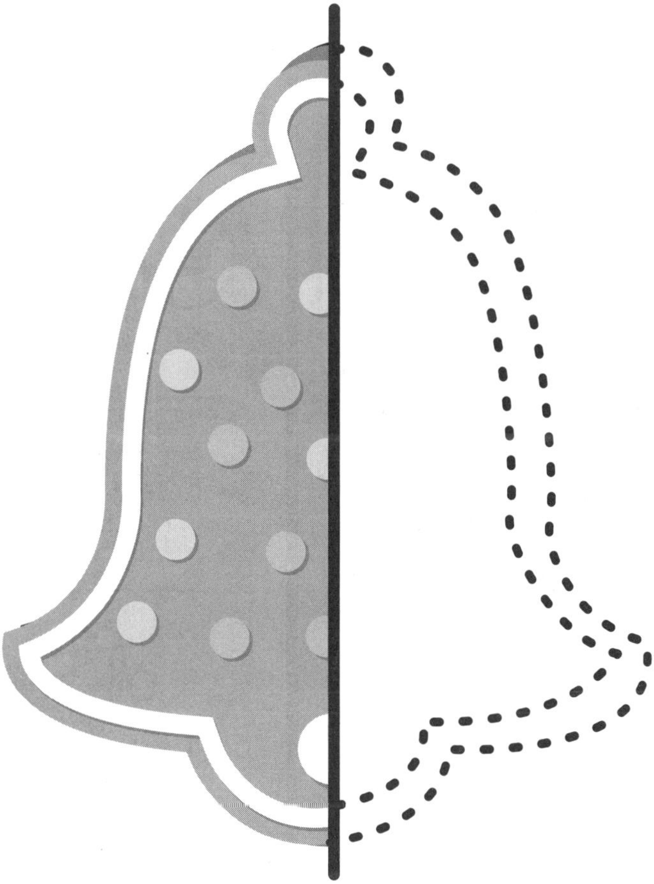

Jeu 243

Le casse-tête

Dessin à colorier

Amuse-toi et mets de la couleur.

Jeu 245

Les associations

Associe les objets qui ont
un lien entre eux.

Lapin

Fillette

Chat

Chienne

Chatte

Lapine

Garçon

Chien

Les opposés

Colorie le chat en gris et
la souris en vert.

Le mouton noir

Entoure dans chaque rangée le plus grand dessin.

L'aventurier

Aide le petit garçon d'en haut et trace le chemin qui mène jusqu'à son ami.

Les 4 erreurs

Regarde bien ces deux images. Trouve les quatre différences et entoure-les.

Le labyrinthe

Aide la fillette à se rendre jusqu'à la boîte aux lettres. N'oublie pas de prendre la lettre au passage.

Les formes similaires

Relie chaque objet à la forme qu'il représente.

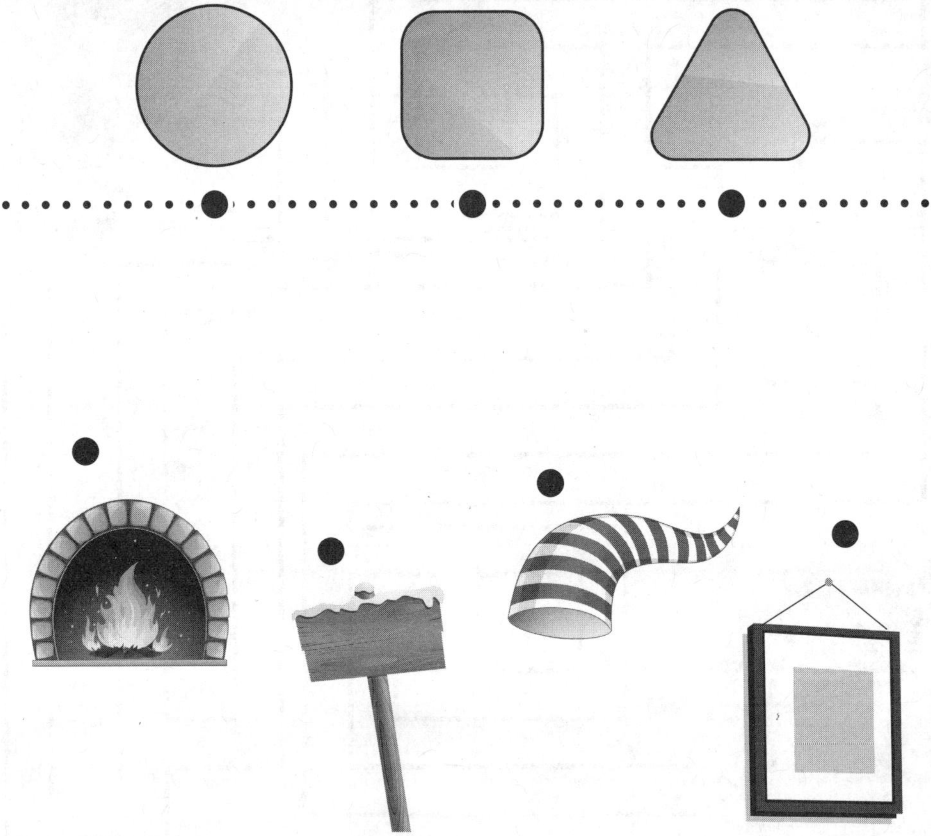

Le mathématicien

Dans chaque rangée,
entoure le nombre d'éléments qui
correspond au chiffre de gauche.

2 

4 

1 

La suite

Observe bien la suite ci-dessous. Complète la rangée en encerclant le dessin manquant.

L'identique

Associe les dessins
qui sont identiques.

La calculatrice

Écris le nombre d'éléments dans chaque case.

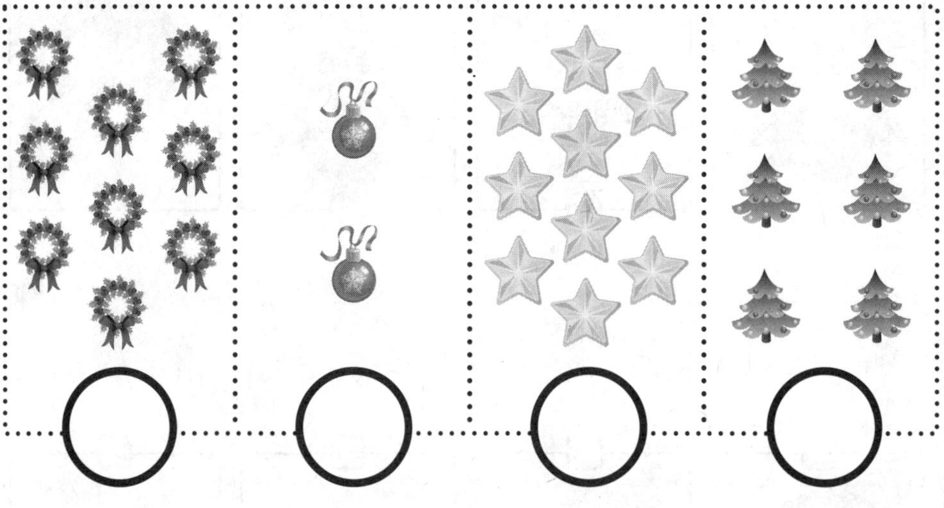

1 2 3 4 5 6 7 8 9 10

Le voyageur

Aide le père Noël à se rendre jusqu'au pôle nord. Suis les cadeaux et trace le chemin. Tu peux te déplacer de façon horizontale, verticale ou en diagonale.

Les doigts de la main

Entoure la main quand il y a
5 éléments dans la même rangée.

L'écrivain

Passe avec ton crayon sur les pointillés.
Exerce-toi ensuite sans pointillés.

Le petit train

Entoure la lettre qui est écrite sur la locomotive dans chacun des mots du train.

émoticônes

Entoure ☹ quand la personne est triste.
Entoure ☺ quand la personne est joyeuse.

Le chercheur

Trouve les éléments
de gauche dans le décor.

L'artiste

Aide madame l'autruche et
retrace le dessin à droite.

Dans tous les sens

Entoure un des deux objets identiques. Si tu regardes la flèche qui se trouve en dessous, tu trouveras quel objet tu dois entourer.

EN BAS

De point en point

Relie chaque point
dans l'ordre pour terminer le dessin.
Quand tu as terminé, mets de la couleur.

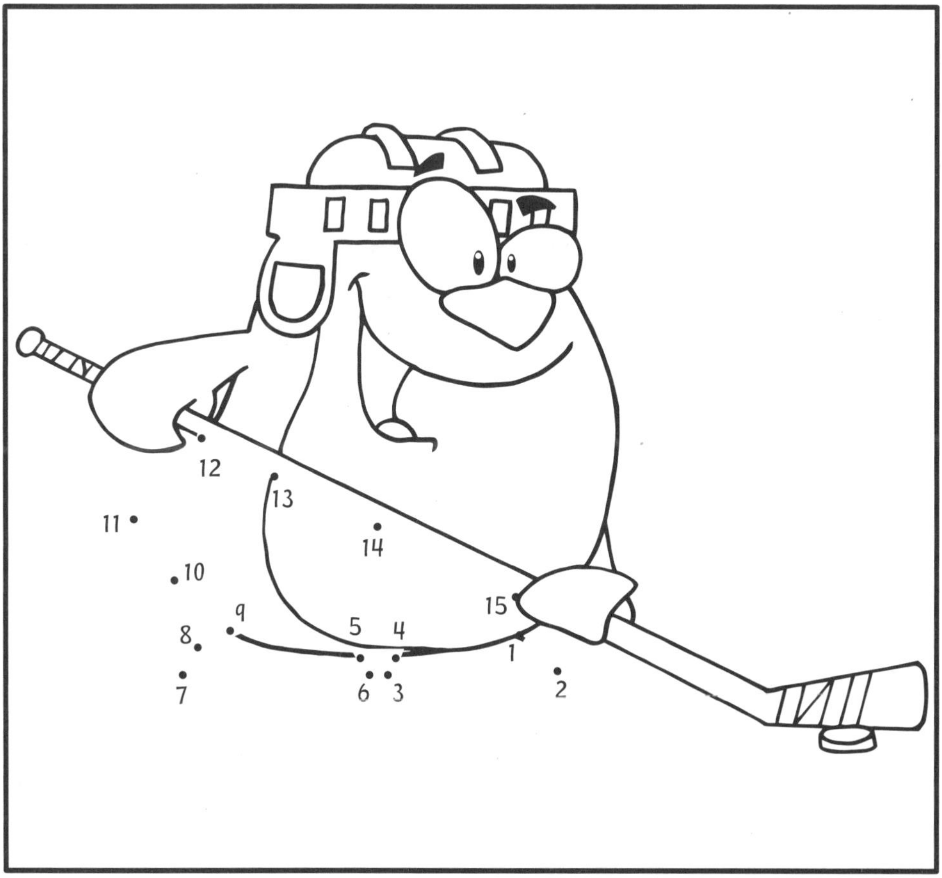

Les jumeaux

Encercle les deux images qui sont identiques.

A

B

C

D

SYMÉTRIE

Complète l'image.

Le casse-tête

Trouve la partie manquante de l'image.

A 

B 

C 

D 

Dessin à colorier

Amuse-toi et mets de la couleur.

Les associations

Associe les objets qui ont
un lien entre eux.

Bonhomme de neige

Lettre

Renne

Ange

Ailes

Timbre

Tuque

Bois

Les opposés

Colorie ce qui est chaud en rouge et
ce qui est froid en bleu.

Le mouton noir

Entoure dans chaque rangée le plus grand dessin.

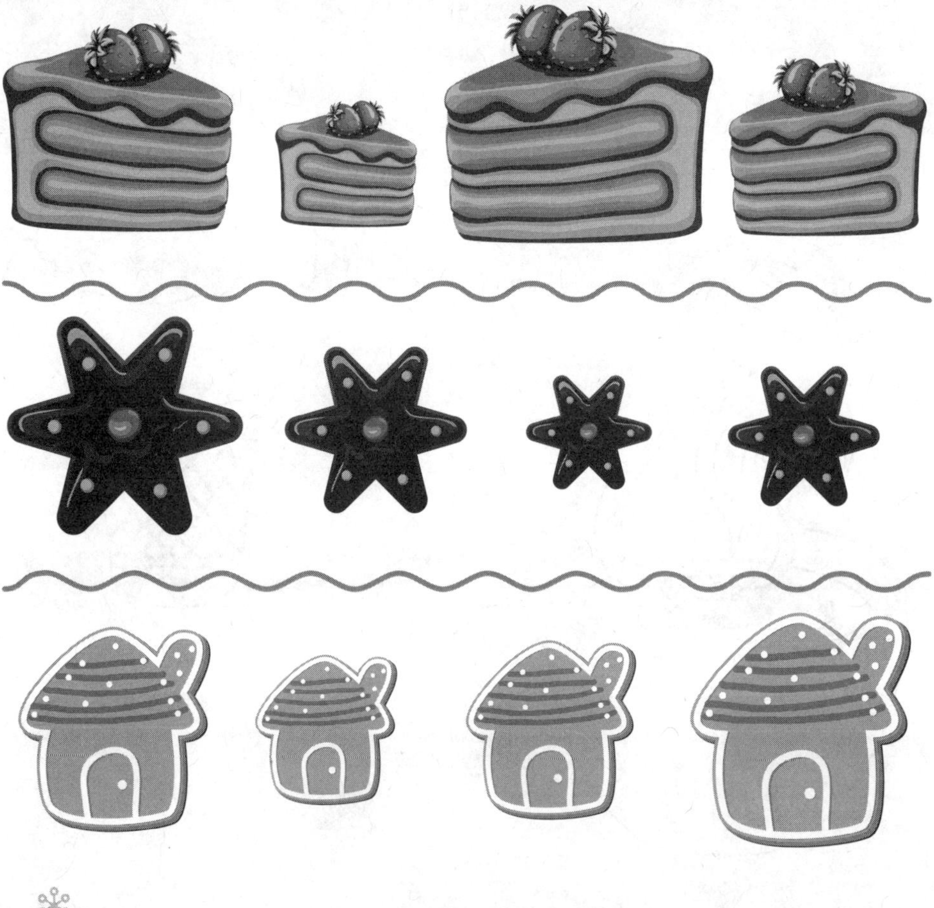

L'aventurier

Aide le chevreuil et trace le chemin qui mène jusqu'à son ami le lapin.

Les 4 erreurs

Regarde bien ces deux images. Trouve les quatre différences et entoure-les.

Jeu 274

Le labyrinthe

Aide le pingouin à se rendre jusqu'à l'igloo. N'oublie pas de ramasser les blocs de glace sur ton passage.

Jeu 275

Les formes similaires

Relie chaque objet à la forme qu'il représente.

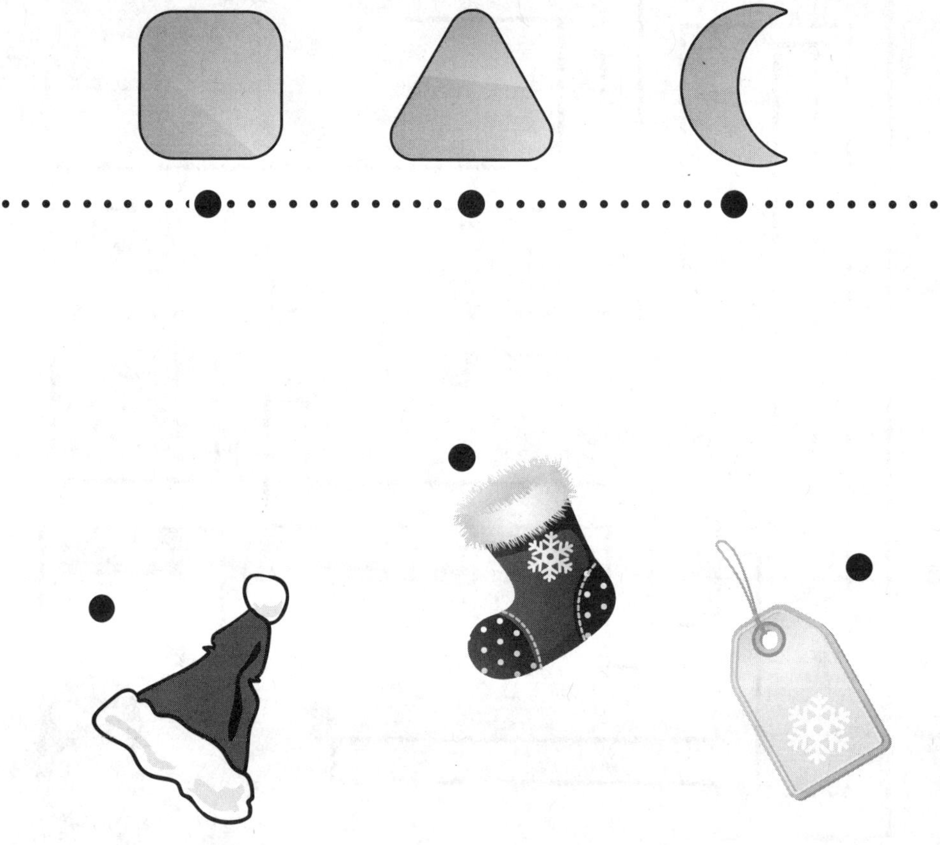

Le mathématicien

Dans chaque rangée,
entoure le nombre d'éléments qui
correspond au chiffre de gauche.

4 

5 

3 

La suite

Observe bien la suite ci-dessous. Complète la rangée en encerclant le dessin manquant.

L'identique

Associe les dessins
qui sont identiques.

La calculatrice

Écris le nombre d'éléments dans chaque case.

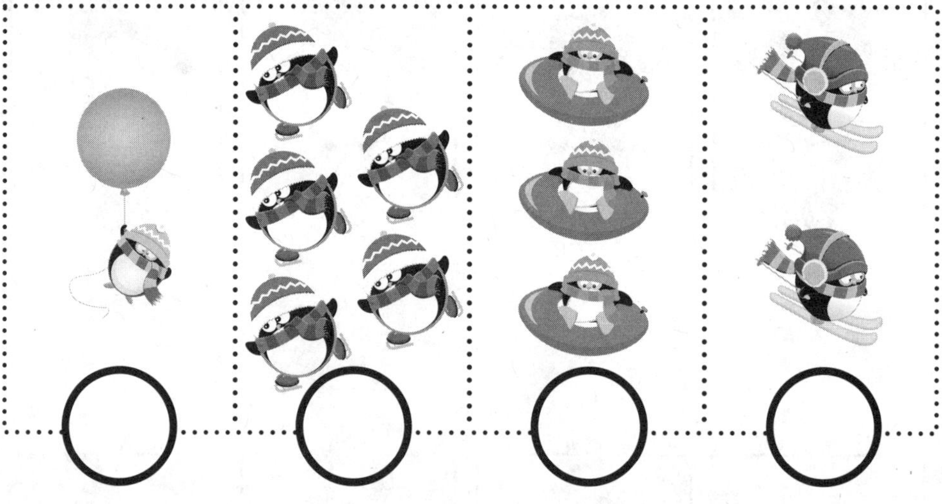

1 2 3 4 5 6 7 8 9 10

Le voyageur

Aide le lutin à déposer le cadeau sur la table de travail. Suis les cadeaux et trace le chemin. Tu peux te déplacer de façon horizontale, verticale ou en diagonale.

Les doigts de la main

Entoure la main quand il y a
5 éléments dans la même rangée.

L'écrivain

Passe avec ton crayon sur les pointillés.
Exerce-toi ensuite sans pointillés.

w w w

W W

x x x

X X

Le petit train

Entoure la lettre qui est écrite sur la locomotive dans chacun des mots du train.

Émoticônes

Entoure (visage triste) quand la personne est triste.
Entoure (visage joyeux) quand la personne est joyeuse.

Le chercheur

Trouve les éléments
de gauche dans le décor.

L'artiste

Aide madame l'autruche et
retrace le dessin à droite.

Dans tous les sens

Entoure un des deux objets identiques. Si tu regardes la flèche qui se trouve en dessous, tu trouveras quel objet tu dois entourer.

EN HAUT

De point en point

Relie chaque point
dans l'ordre pour terminer le dessin.
Quand tu as terminé, mets de la couleur.

Les jumeaux

Encercle les deux images qui sont identiques.

A

B

C

D

SYMÉTRIE

Complète l'image.

Le casse-tête

Trouve la partie manquante de l'image.

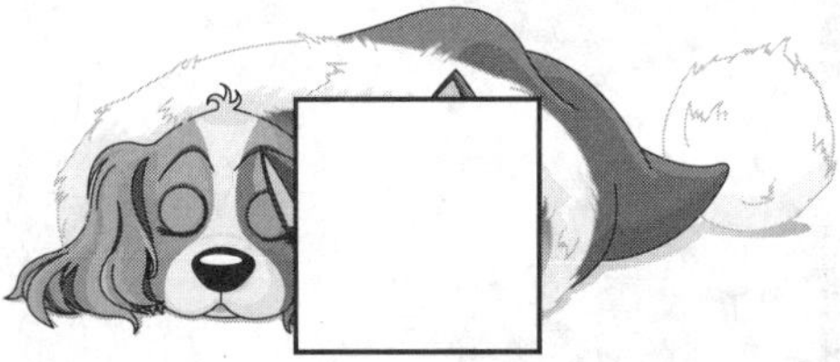

A

B

C

D

Dessin à colorier

Amuse-toi et mets de la couleur.

Jeu 293

Les associations

Associe les objets qui ont
un lien entre eux.

Gars

Pêcheur

Locomotive

Chien

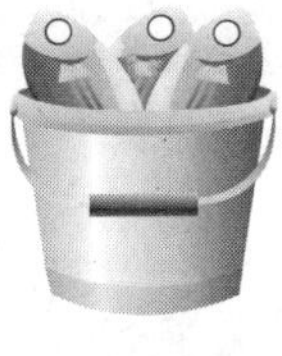
Poissons

Wagons

Chat

Fille

Les opposés

Colorie la fille en rose
et le garçon en bleu.

Le mouton noir

Entoure dans chaque rangée le plus grand dessin.

L'aventurier

Aide le garçon et trace le chemin qui mène jusqu'à la maison.

Les 4 erreurs

Regarde bien ces deux images. Trouve les quatre différences et entoure-les.

Jeu 298

Le labyrinthe

Aide la dinde à se rendre jusqu'à l'assiette.

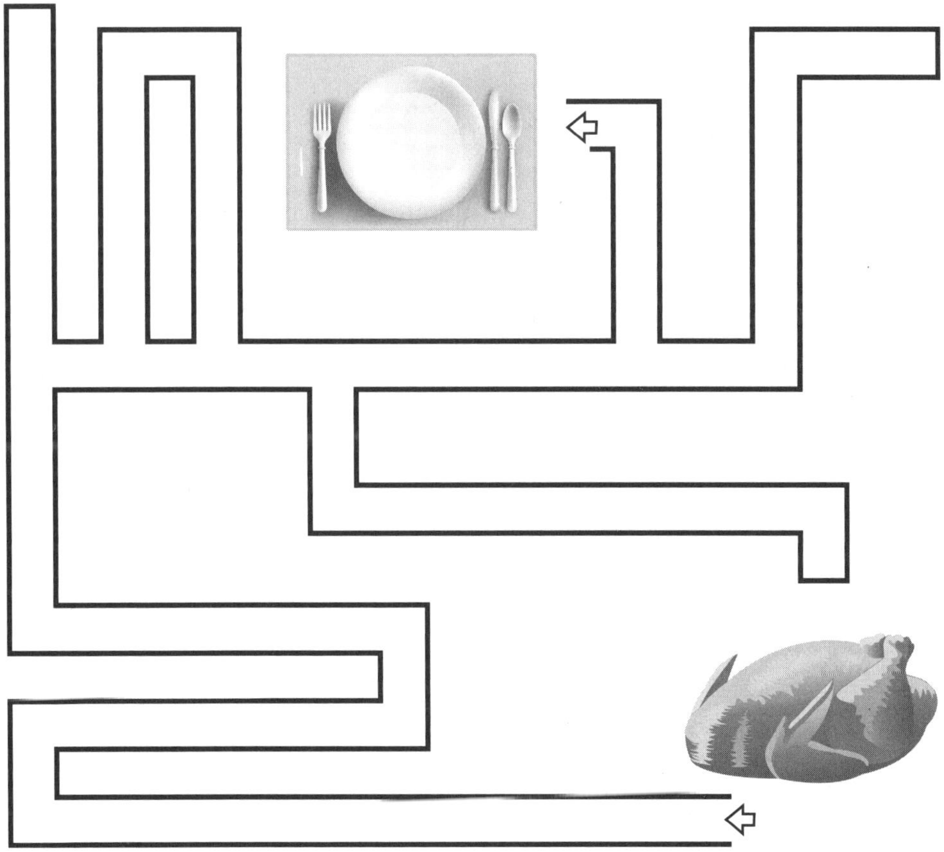

Les formes similaires

Relie chaque objet à la forme qu'il représente.

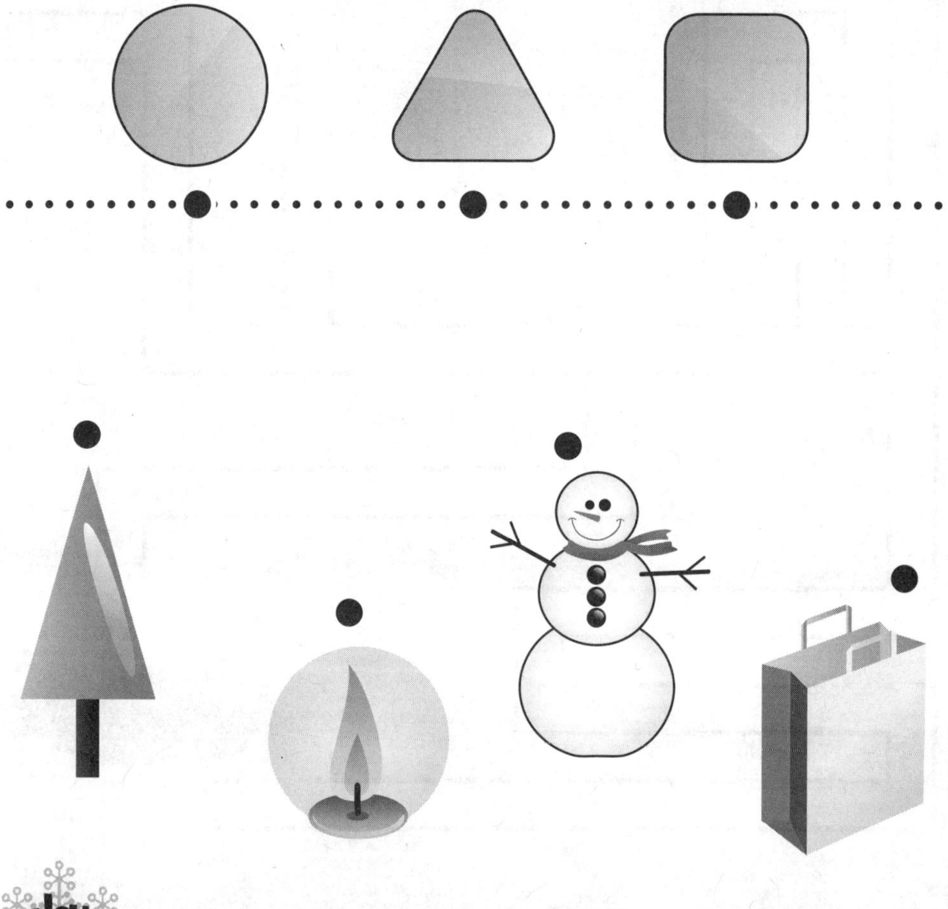

Jeu 300

Le mathématicien

Dans chaque rangée,
entoure le nombre d'éléments qui
correspond au chiffre de gauche.

1 

3 

5 

La suite

Observe bien la suite ci-dessous. Complète la rangée en encerclant le dessin manquant.

L'identique

Associe les dessins
qui sont identiques.

La calculatrice

Écris le nombre d'éléments dans chaque case.

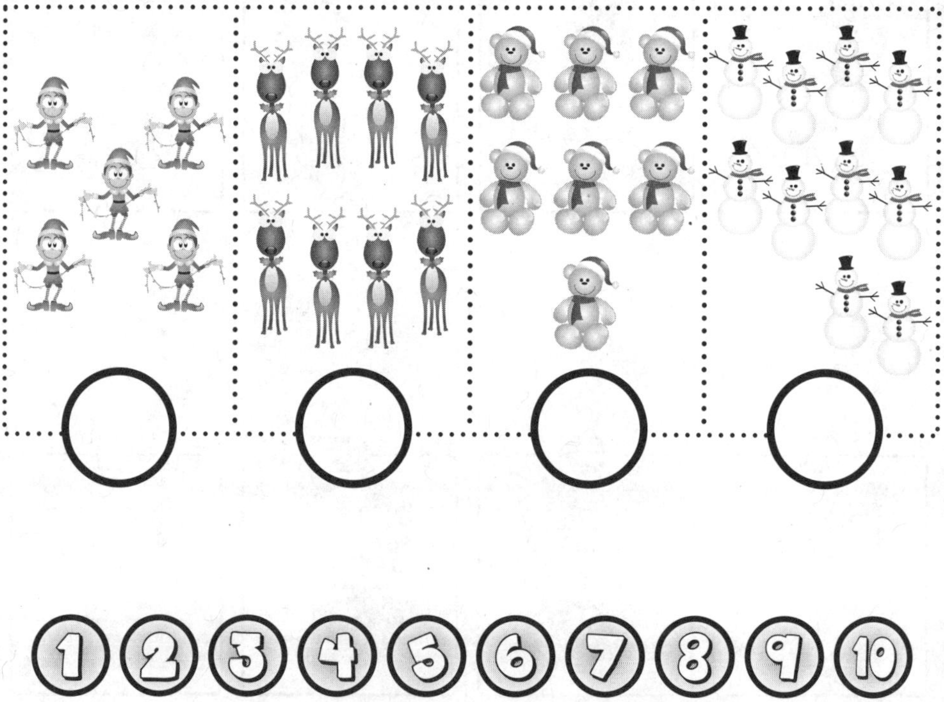

1 2 3 4 5 6 7 8 9 10

Le voyageur

Aide le bonhomme de neige à rejoindre le sapin. Suis les bas de Noël et trace le chemin. Tu peux te déplacer de façon horizontale, verticale ou en diagonale.

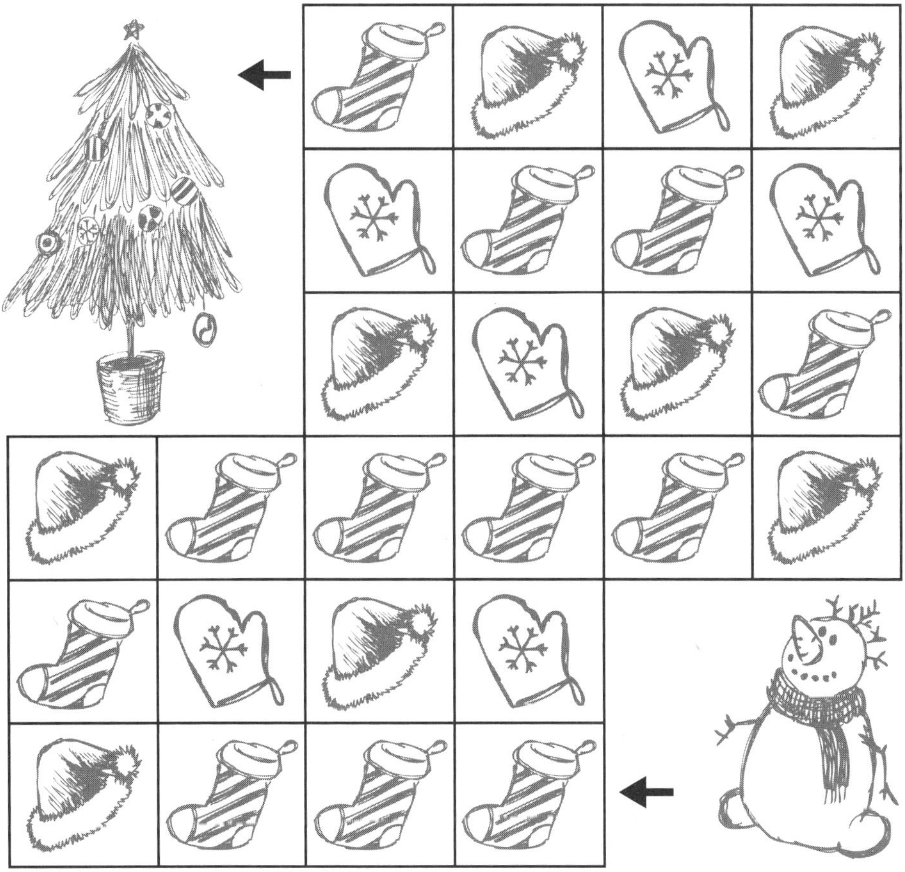

Les doigts de la main

Entoure la main quand il y a
5 éléments dans la même rangée.

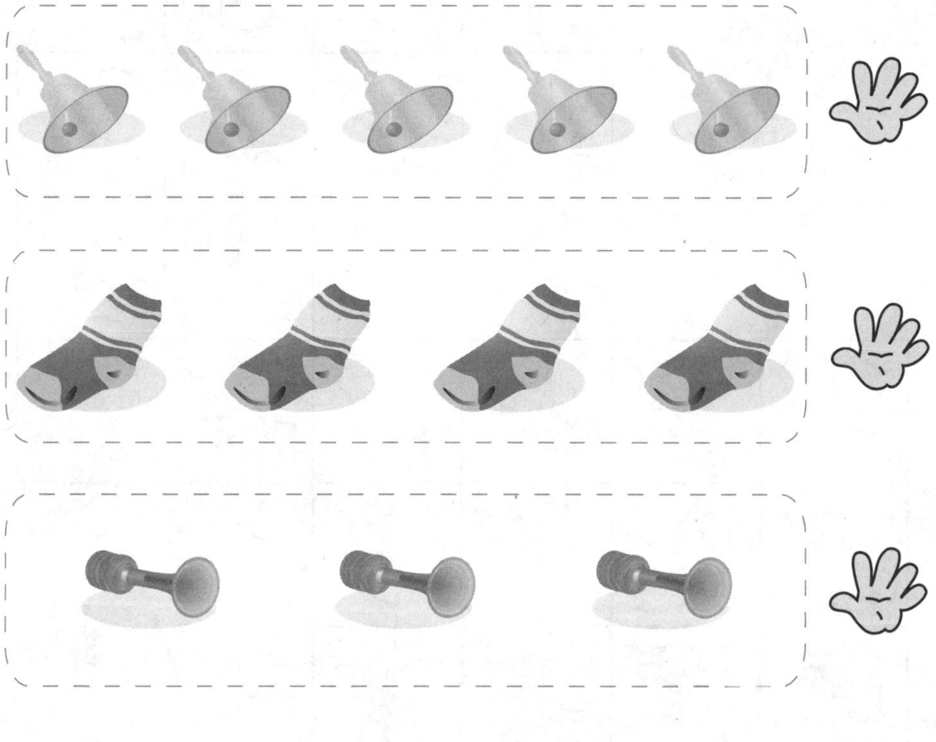

Dessin à colorier

Amuse-toi et mets de la couleur.

De point en point

Relie chaque point
dans l'ordre pour terminer le dessin.
Quand tu as terminé, mets de la couleur.

émoticônes

Entoure 😮 quand le chat est triste.

Entoure 😀 quand le chat est joyeux.

Le chercheur

Trouve les éléments
de gauche dans le décor.

Jeu 310

L'artiste

Aide madame l'autruche et retrace les dessins à droite.

DANS TOUS LES SENS

Entoure un des deux objets identiques. Si tu regardes la flèche qui se trouve en dessous, tu trouveras quel objet tu dois entourer.

GAUCHE

Jeu 312

De point en point

Relie chaque point
dans l'ordre pour terminer le dessin.
Quand tu as terminé, mets de la couleur.

Les jumeaux

Encercle les deux images qui sont identiques.

SYMÉTRIE

Complète l'image.

Le casse-tête

Trouve la partie manquante de l'image.

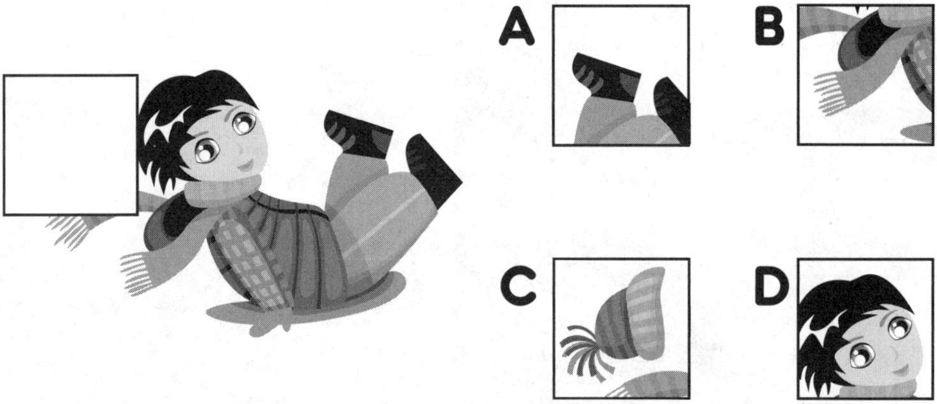

Dessin à colorier

Amuse-toi et mets de la couleur.

Les associations

Associe les objets qui ont un lien entre eux.

Étiquette

Skieur

Patineur

Chandelle

Piste de ski

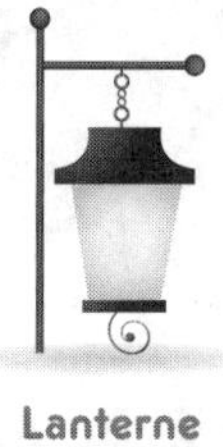

Lanterne

Cadeau

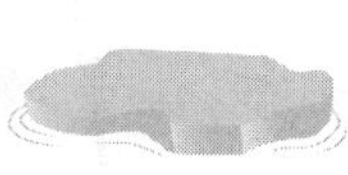

Glace

Les opposés

Colorie le bébé ours en orange
et la maman ours en vert.

Le mouton noir

Entoure dans chaque rangée le plus grand dessin.

Jeu 320

L'aventurier

Aide la fillette et trace le chemin
qui mène jusqu'à son amie sur la luge.

Jeu
321

Les 4 erreurs

Regarde bien ces deux images. Trouve les quatre différences et entoure-les.

Le labyrinthe

Aide le bas de Noël à retrouver
sa place sur le foyer.

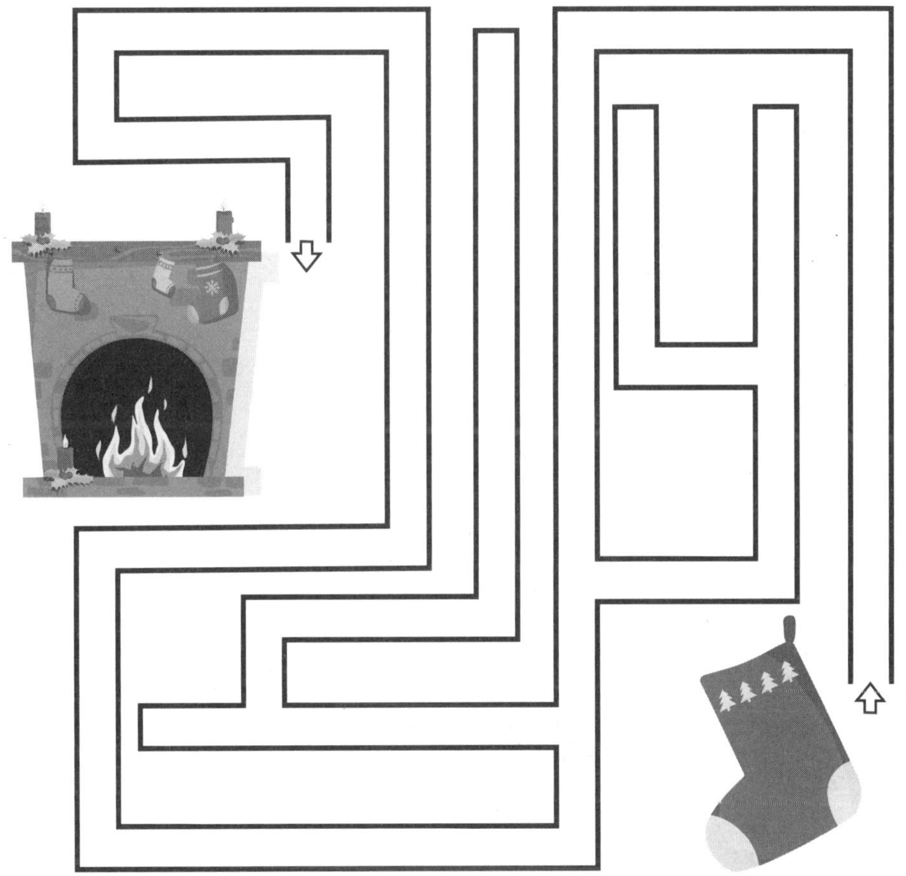

Jeu 323

Les formes similaires

Relie chaque objet à la forme qu'il représente.

Le mathématicien

Dans chaque rangée,
entoure le nombre d'éléments qui
correspond au chiffre de gauche.

3 

5 

2 

La suite

Observe bien la suite ci-dessous. Complète la rangée en encerclant le dessin manquant.

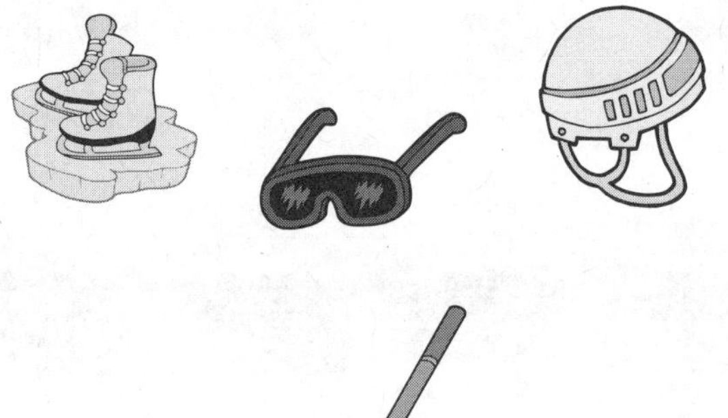

Jeu 326

L'identique

Associe les dessins
qui sont identiques.

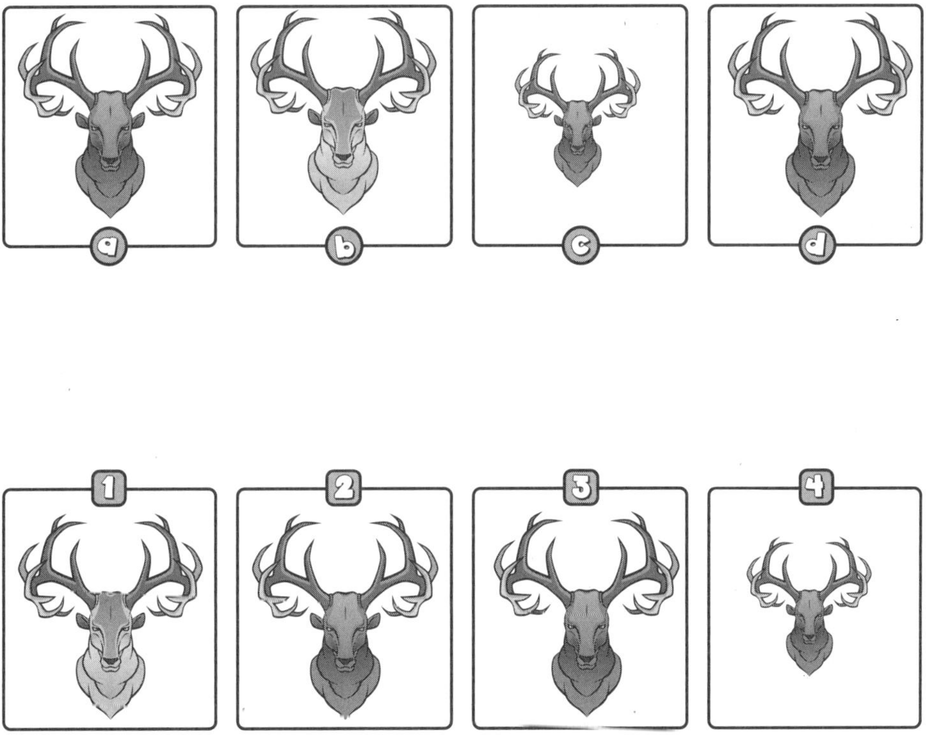

La calculatrice

Écris le nombre d'éléments dans chaque case.

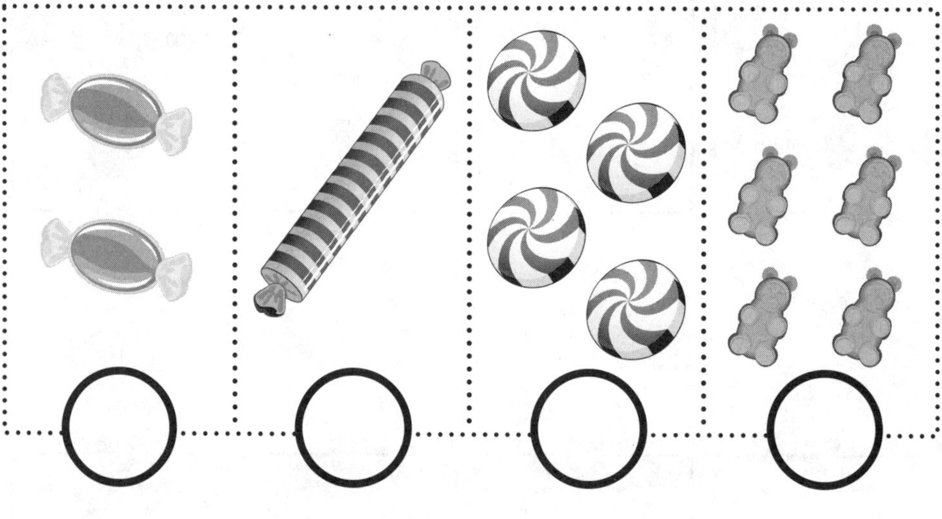

1 2 3 4 5 6 7 8 9 10

Jeu 328

Le voyageur

Aide le pingouin à rejoindre son amie la souris.
Suis les tuques de père Noël et trace le chemin.
Tu peux te déplacer de façon horizontale,
verticale ou en diagonale.

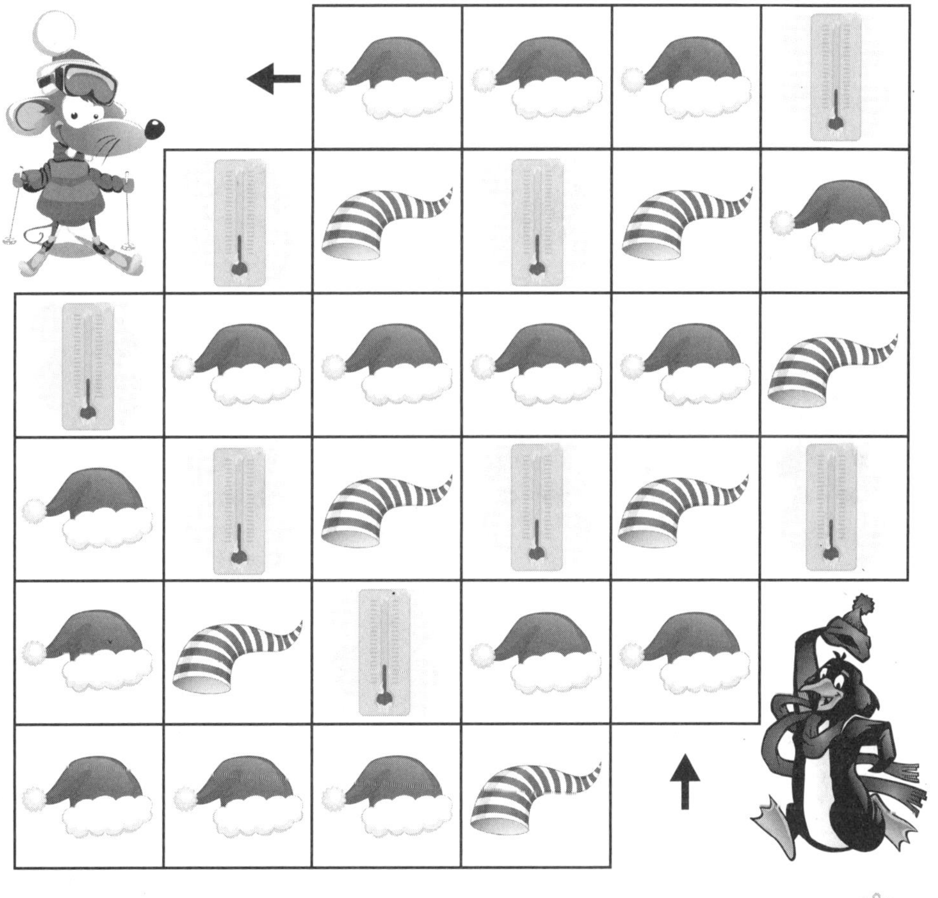

Les doigts de la main

Entoure la main quand il y a
5 éléments dans la même rangée.

Dessin à colorier

Amuse-toi et mets de la couleur.

De point en point

Relie chaque point
dans l'ordre pour terminer le dessin.
Quand tu as terminé, mets de la couleur.

émoticônes

Entoure (visage triste) quand la personne est triste.
Entoure (visage joyeux) quand la personne est joyeuse.

Le chercheur

Trouve les éléments de gauche dans le décor.

L'artiste

Aide madame l'autruche et
retrace les lettres à droite.

G

H

DANS TOUS LES SENS

Entoure un des deux objets identiques. Si tu regardes la flèche qui se trouve en dessous, tu trouveras quel objet tu dois entourer.

EN HAUT

De point en point

Relie chaque point
dans l'ordre pour terminer le dessin.
Quand tu as terminé, mets de la couleur.

Les jumeaux

Encercle les deux images qui sont identiques.

SYMÉTRIE

Complète l'image.

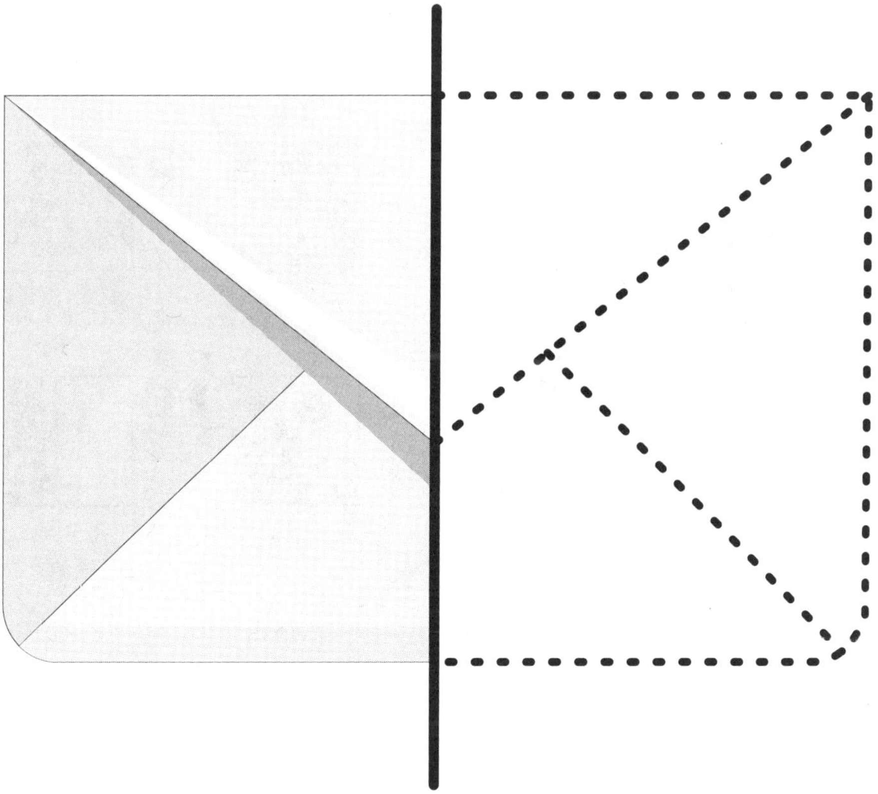

Le casse-tête

Trouve la partie manquante de l'image.

A

B

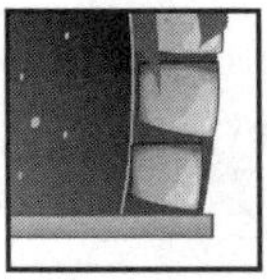

C

D

Dessin à colorier

Amuse-toi et mets de la couleur.

Les associations

Associe les objets qui ont un lien entre eux.

Lunettes de ski

Chaussettes

Pile de cadeaux

Patineuse

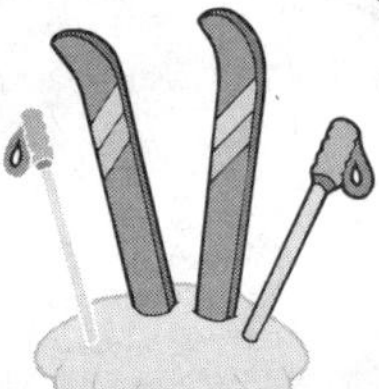

Ensemble de ski

Père Noël

Patins

Bottes

Les opposés

Colorie le biscuit garçon en orange
et le biscuit fille en violet.

Le MOUTON NOIR

Entoure dans chaque
rangée le plus grand dessin.

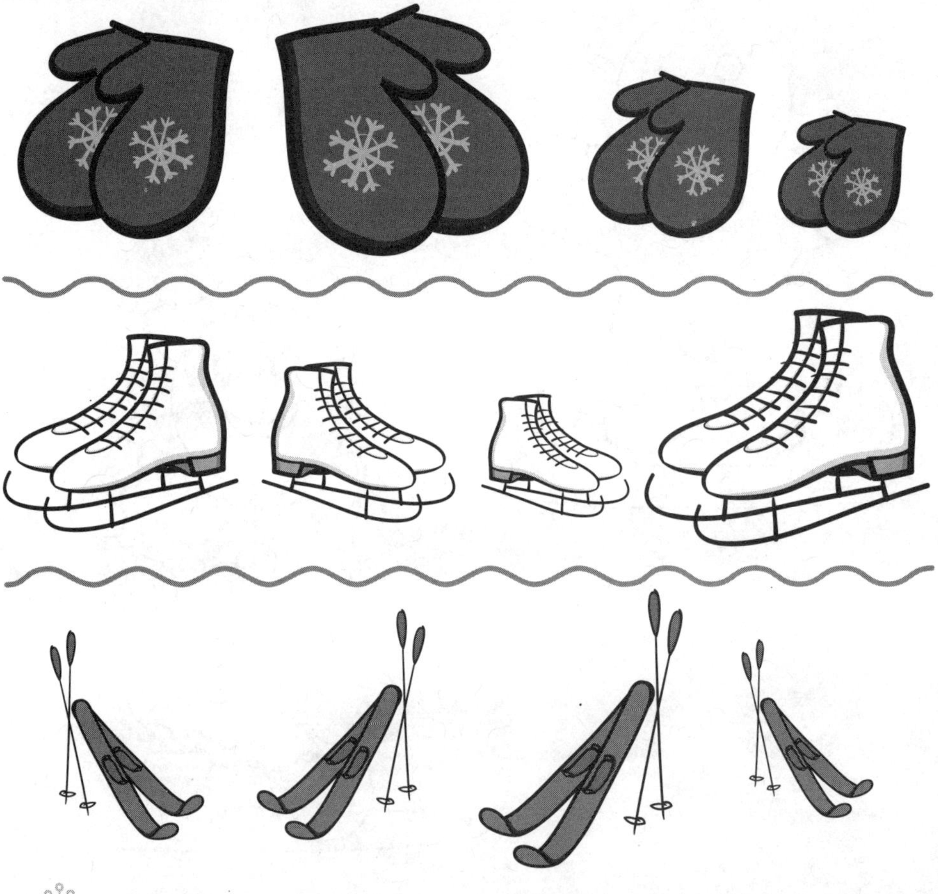

Jeu
344

L'aventurier

Aide le bonhomme de neige et trace le chemin qui mène jusqu'à ses skis.

Les 4 erreurs

Regarde bien ces deux images. Trouve les quatre différences et entoure-les.

Jeu 346

Le labyrinthe

Aide le père Noël à se rendre avec son traîneau jusqu'aux rennes.

Les formes similaires

Relie chaque objet à la forme qu'il représente.

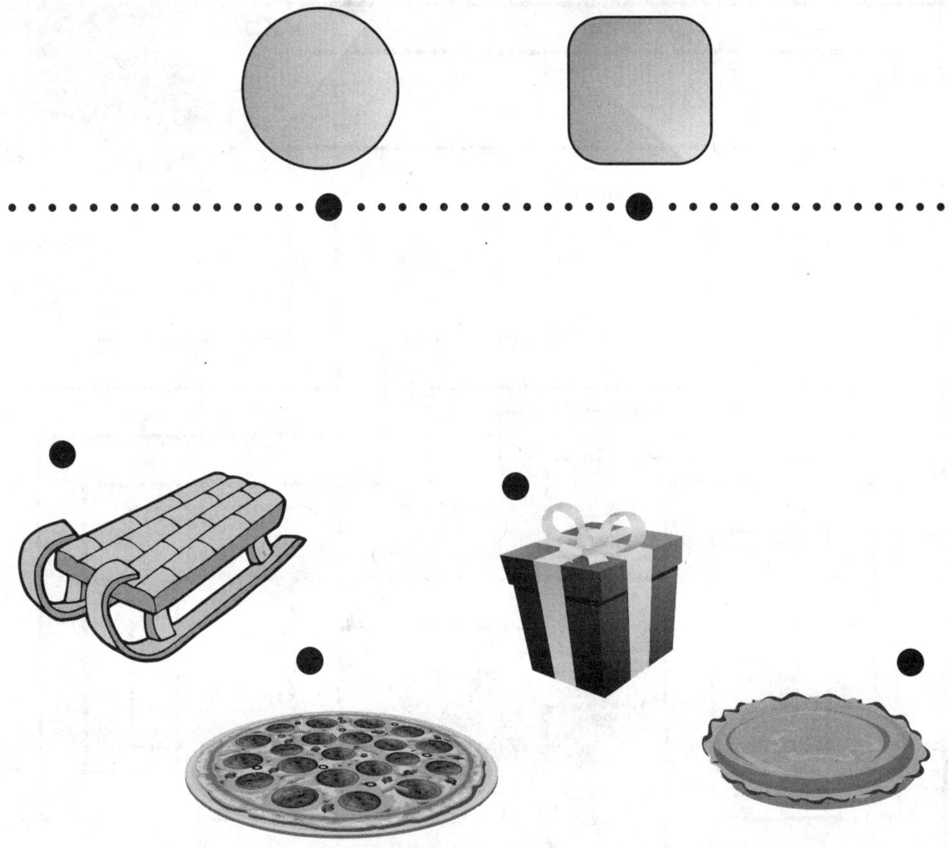

Le mathématicien

Dans chaque rangée,
entoure le nombre d'éléments qui
correspond au chiffre de gauche.

5 

1 

3 

La suite

Observe bien la suite ci-dessous. Complète la rangée en encerclant le dessin manquant.

Jeu 350

L'identique

Associe les dessins
qui sont identiques.

La calculatrice

Écris le nombre d'éléments dans chaque case.

1 2 3 4 5 6 7 8 9 10

Jeu 352

Le voyageur

Aide le personnage avec la luge à se rendre auprès de son ami pour finir le bonhomme de neige. Suis les skieurs et trace le chemin. Tu peux te déplacer de façon horizontale, verticale ou en diagonale.

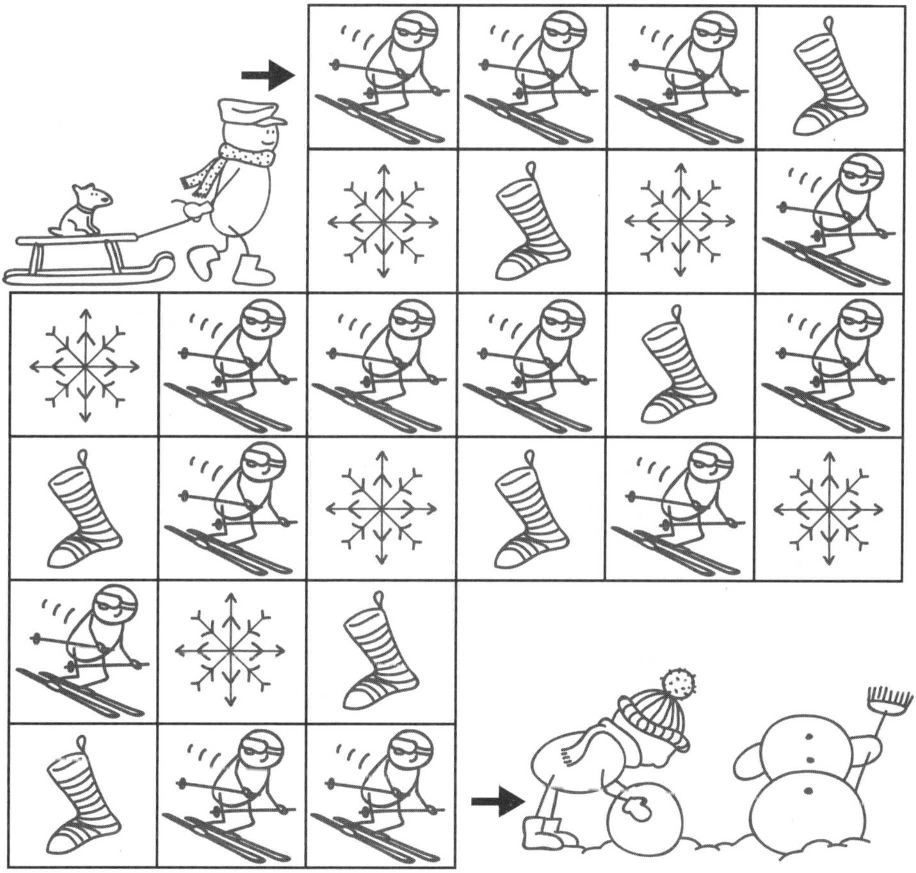

Les doigts de la main

Entoure la main quand il y a
5 éléments dans la même rangée.

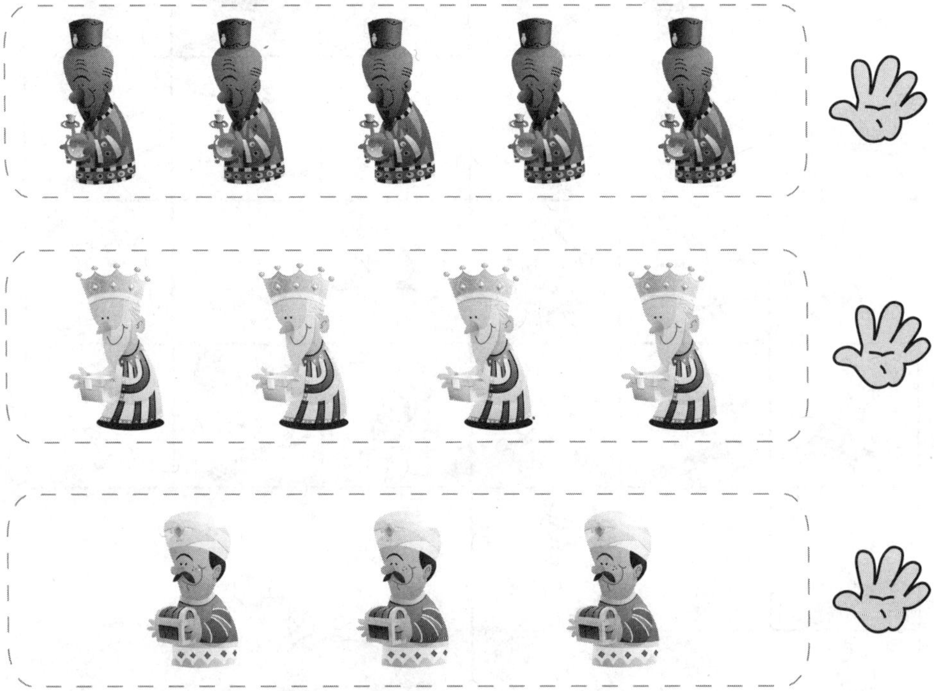

Dessin à colorier

Amuse-toi et mets de la couleur.

Jeu 355

De point en point

Relie chaque point
dans l'ordre pour terminer le dessin.
Quand tu as terminé, mets de la couleur.

émoticônes

Entoure 😮 quand la personne est triste.
Entoure 😃 quand la personne est joyeuse.

Le chercheur

Trouve les éléments
de gauche dans le décor.

L'artiste

Aide madame l'autruche et retrace les dessins à droite.

Dans tous les sens

Entoure un des deux objets identiques. Si tu regardes la flèche qui se trouve en dessous, tu trouveras quel objet tu dois entourer.

DROITE

De point en point

Relie chaque point
dans l'ordre pour terminer le dessin.
Quand tu as terminé, mets de la couleur.

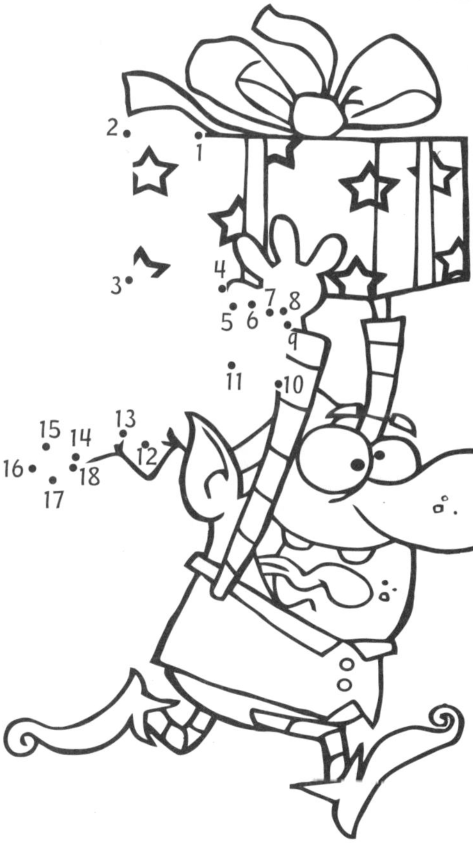

Les jumeaux

Encercle les deux images
qui sont identiques.

A

B

C

D

SYMÉTRIE

Complète l'image.

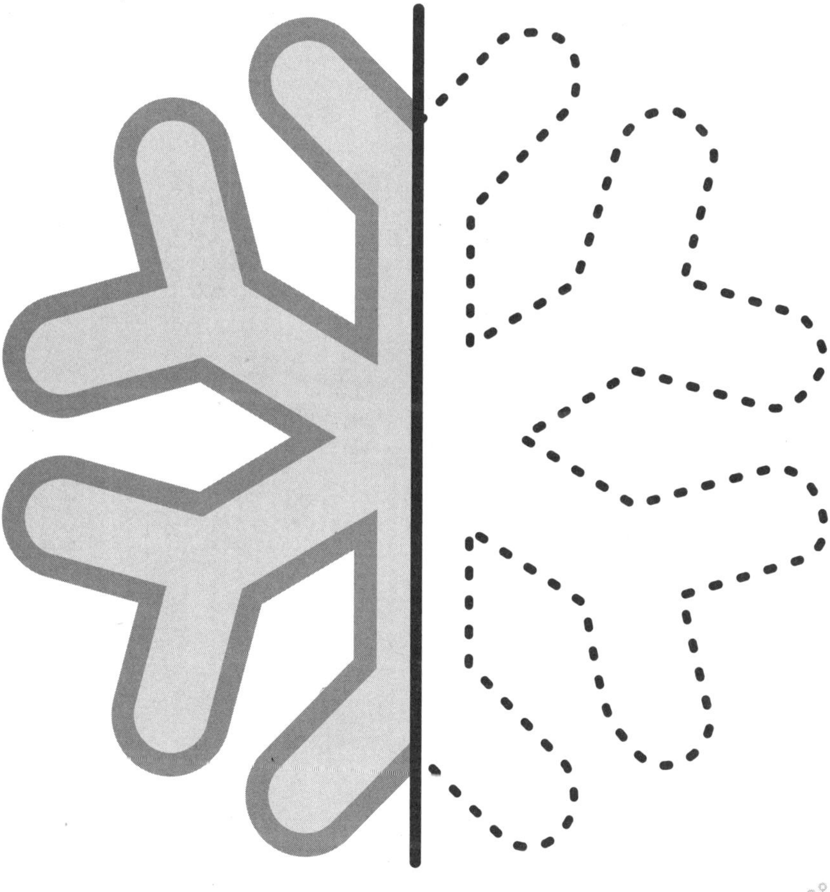

Le casse-tête

Trouve la partie manquante de l'image.

A

B

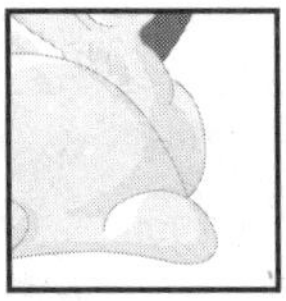

C

D

Dessin à colorier

Amuse-toi et mets de la couleur.

SOLUTIONS

SOLUTIONS

Jour 2

B et C

Jour 3

Jour 4

Jour 6

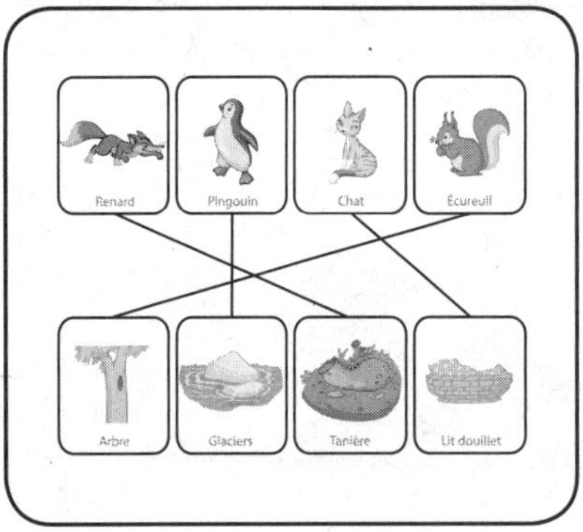

Jour 7

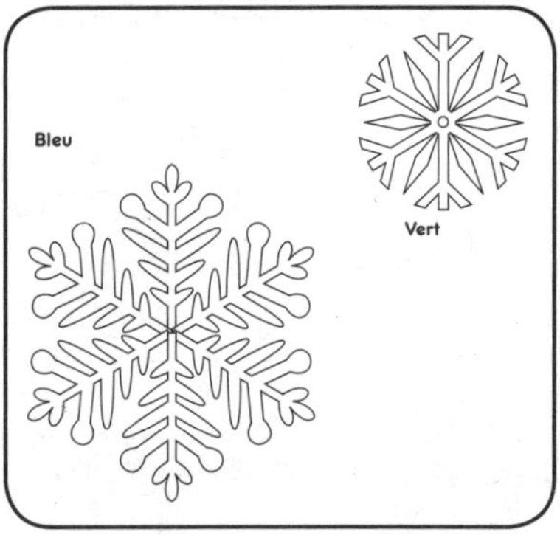

Jour 8

Jour 10

Jour 11

Jour 12

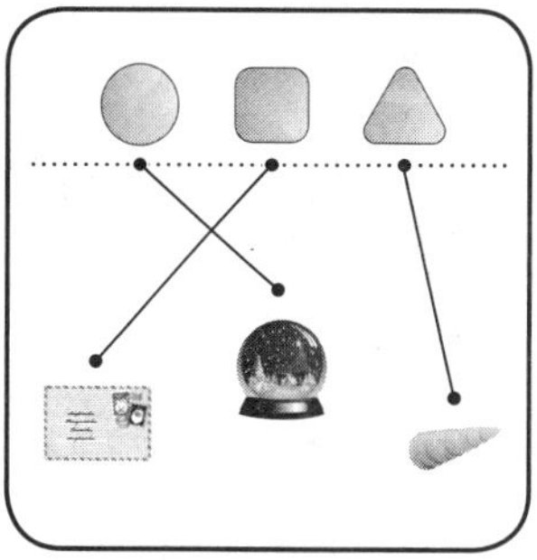

Jour 13

Jour 14

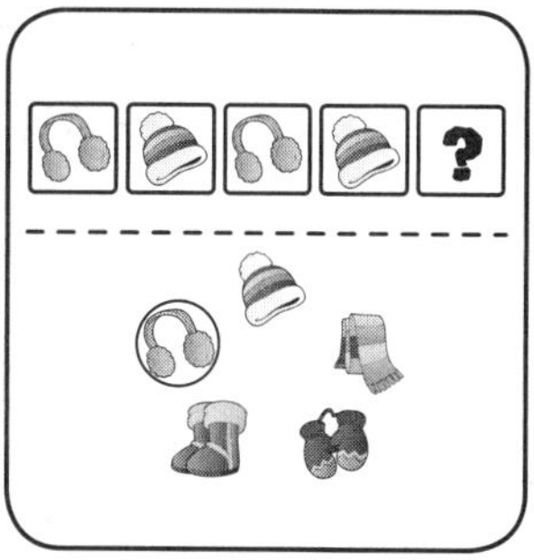

Jour 15

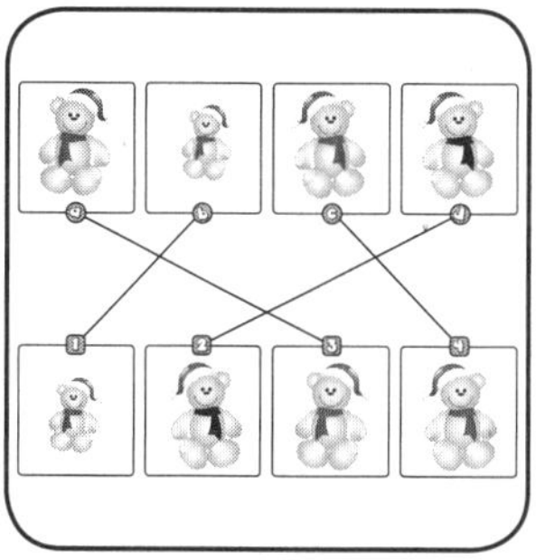

Jour 16

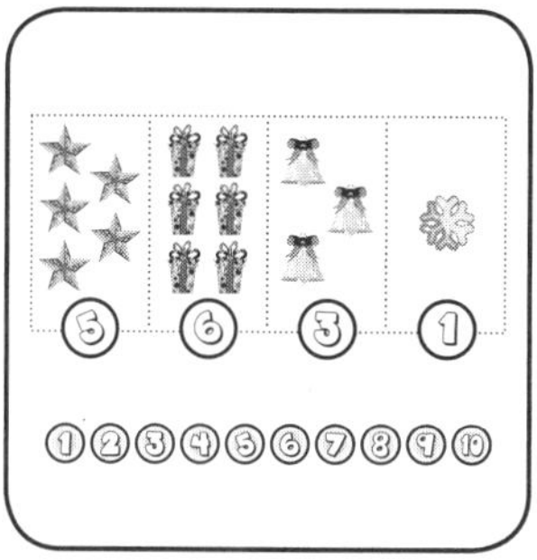

Jour 17

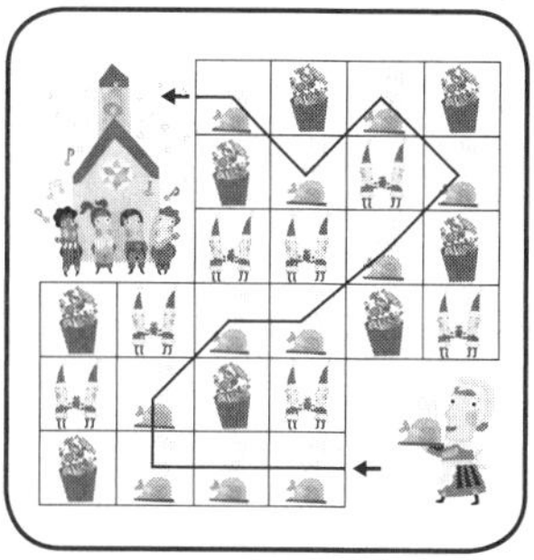

Jour 18

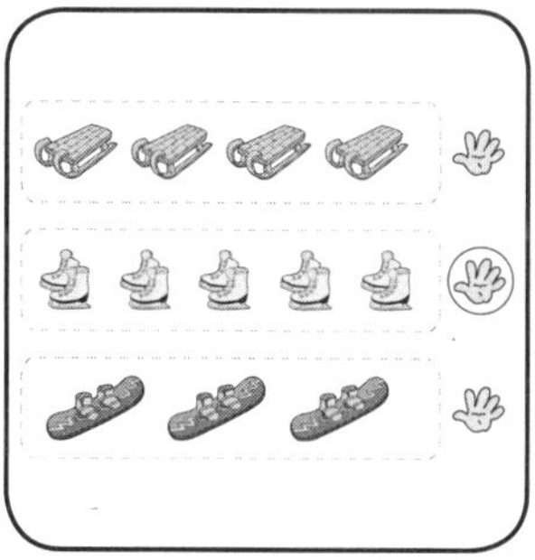

Jour 20

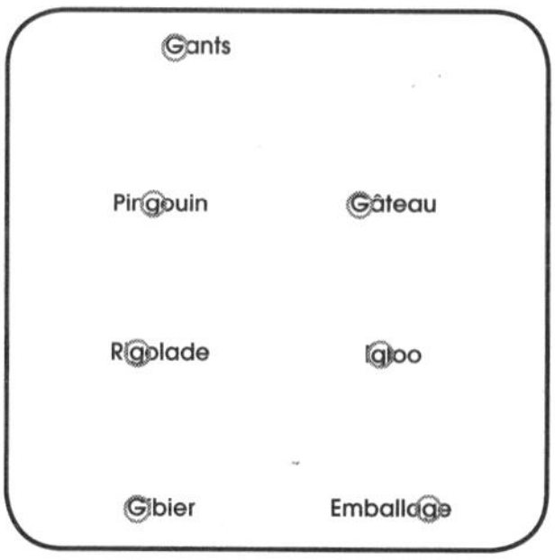

Jour 21

Jour 22

Jour 24

SOLUTIONS

Jour 26

C et D

Jour 27

Jour 28

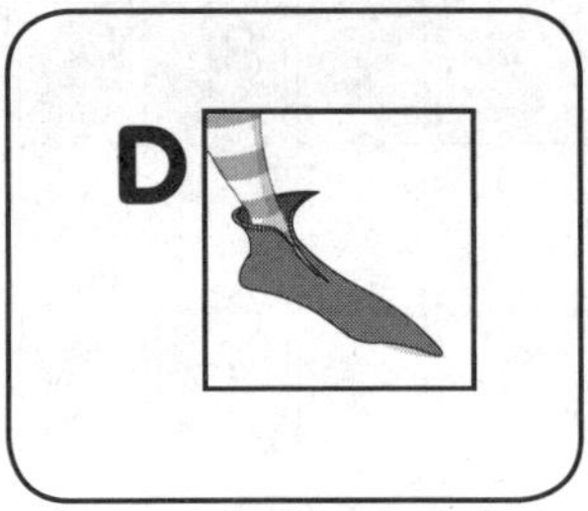

Jour 30

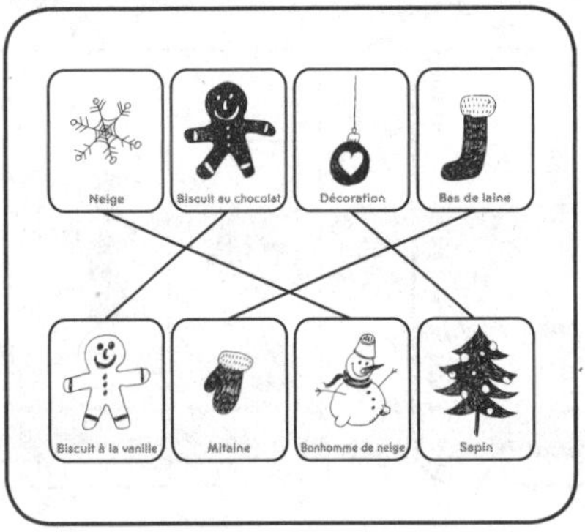

Jour 31

Jour 32

Jour 34

Jour 35

Jour 36

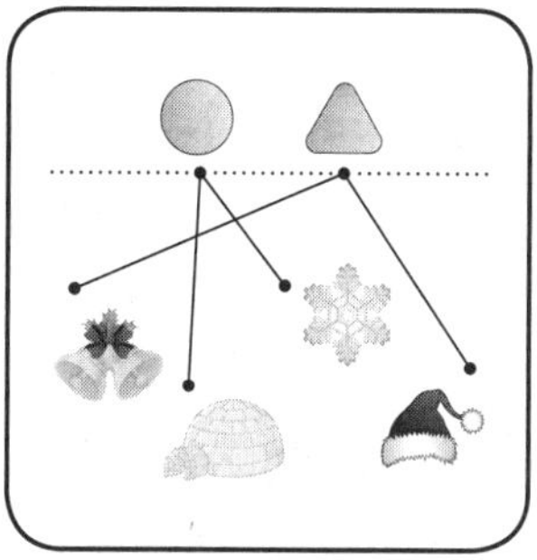

Jour 37

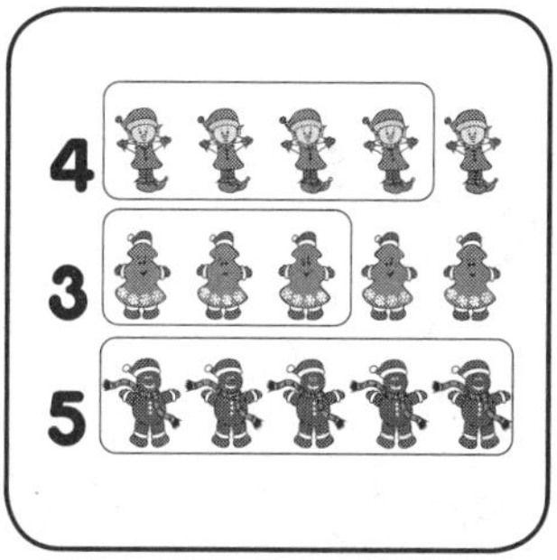

Jour 38

Jour 39

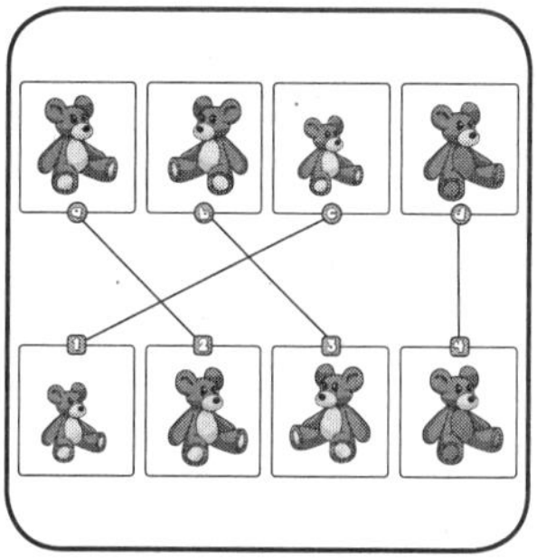

Jour 40

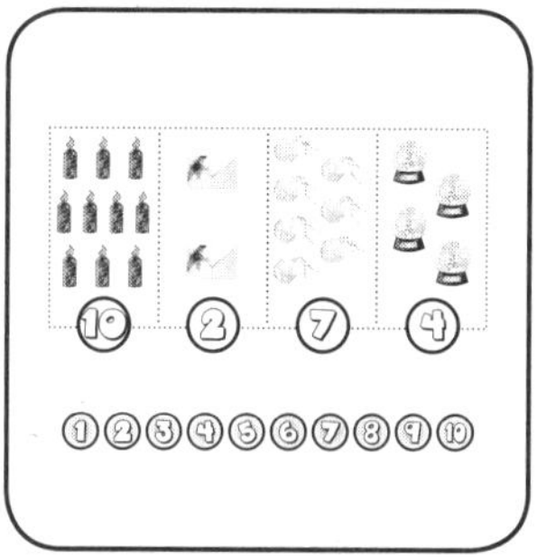

Jour 41

Jour 42

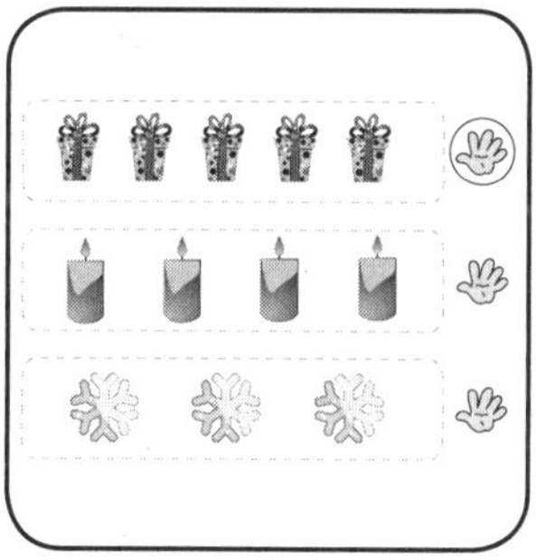

Jour 44

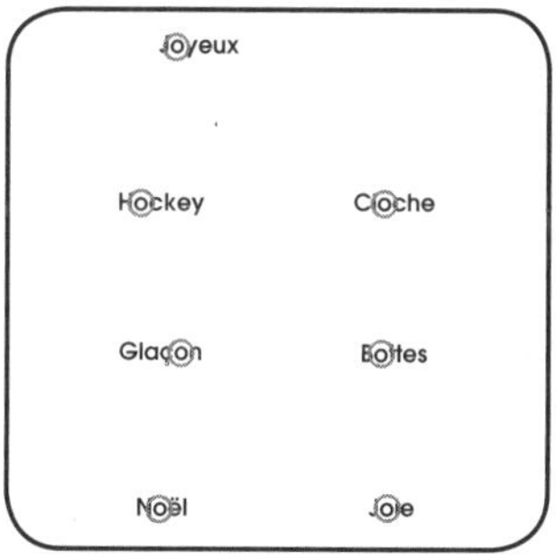

Jour 45

Jour 46

Jour 48

SOLUTIONS

Jour 50

B et D

Jour 51

Jour 52

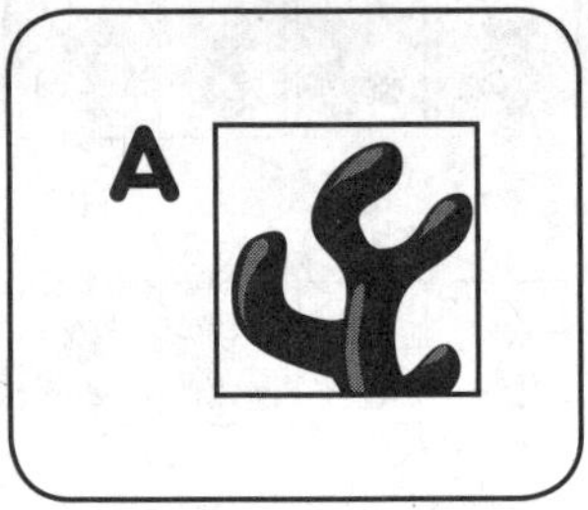

Jour 54

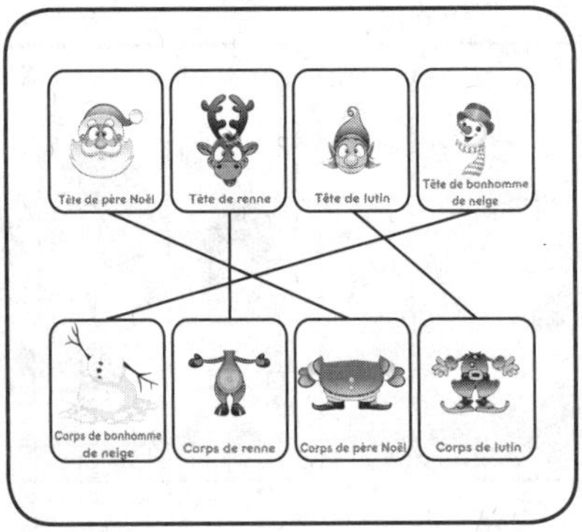

Jour 55

Jour 56

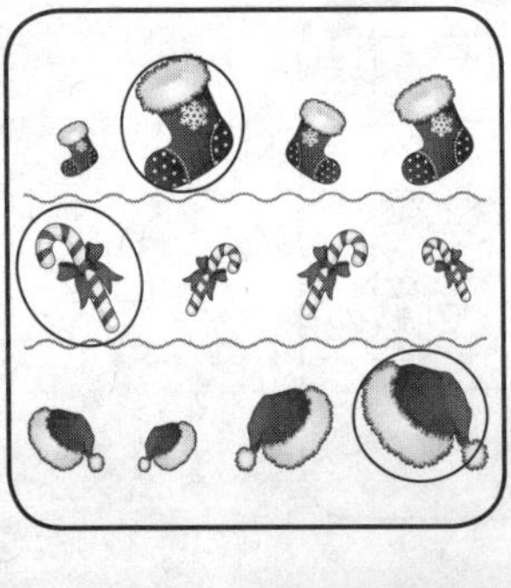

Jour 58

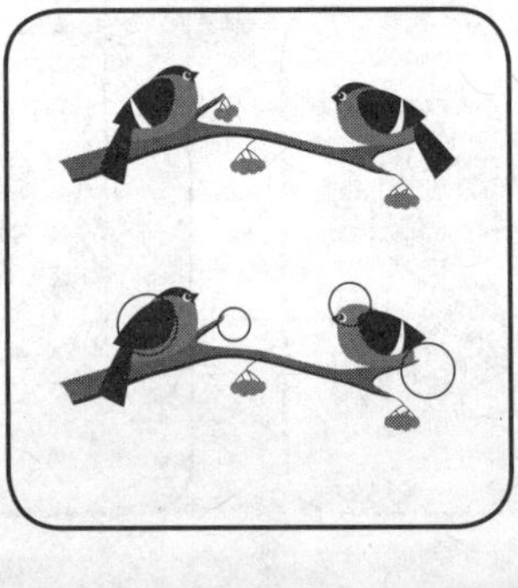

Jour 59

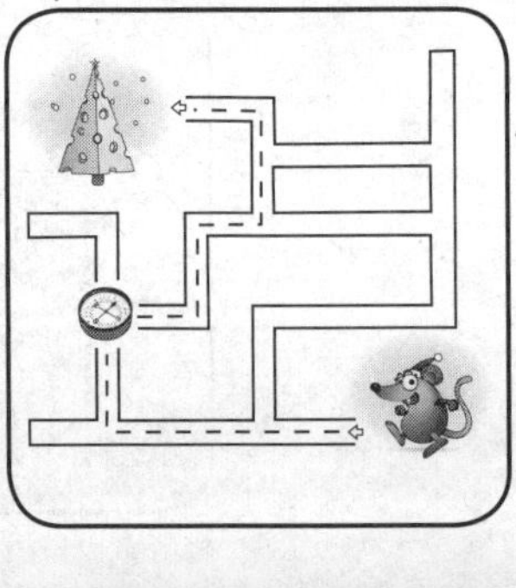

Jour 60

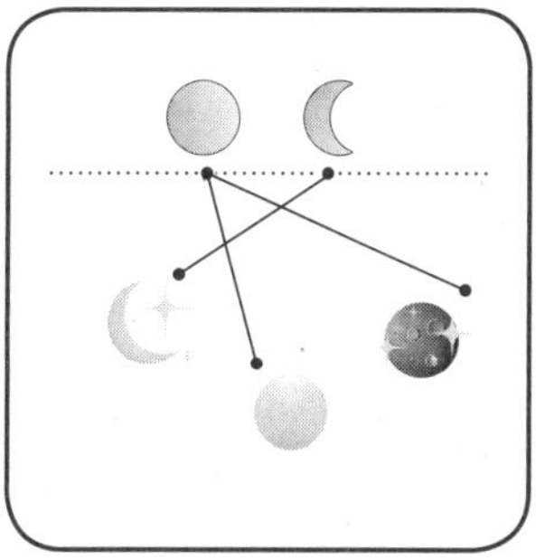

Jour 61

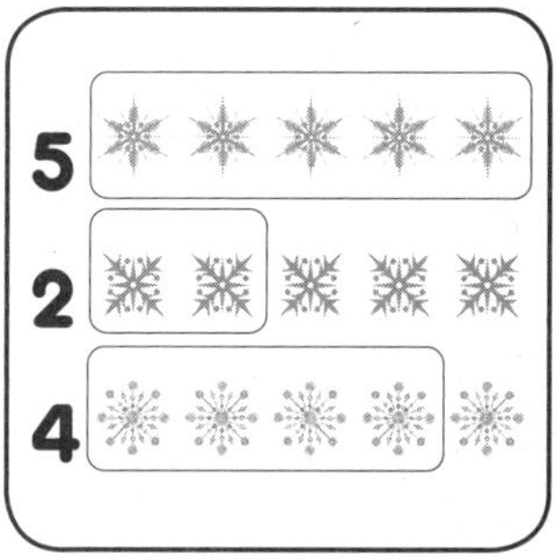

Jour 62

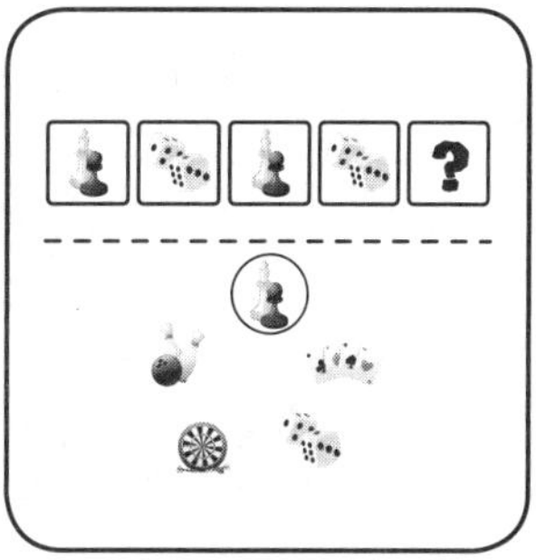

Jour 63

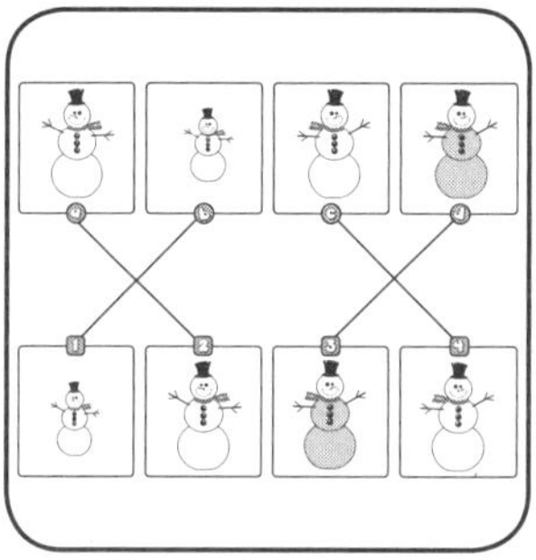

Jour 64

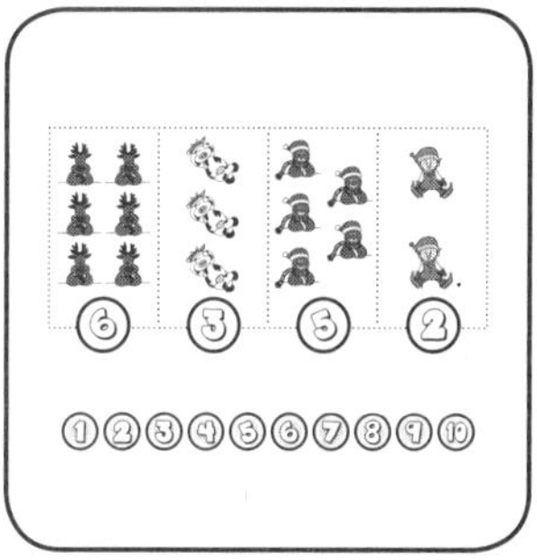

Jour 65

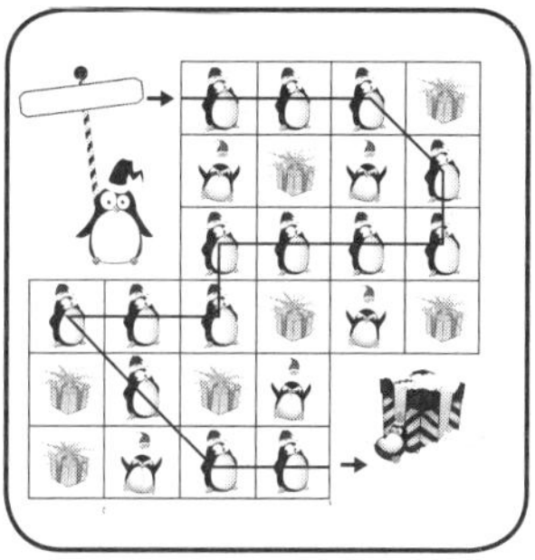

Jour 66

Jour 68

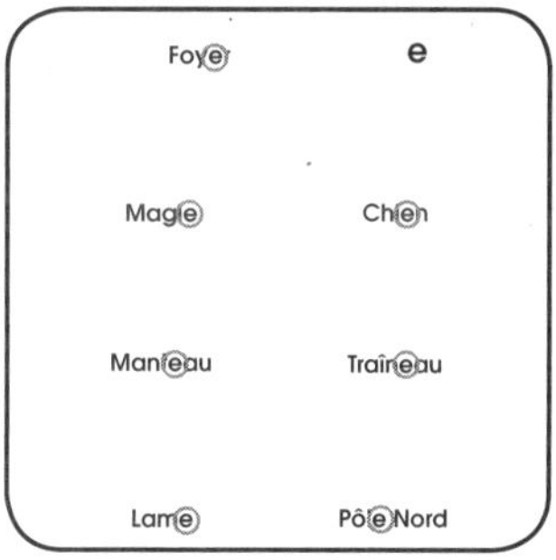

Jour 69

Jour 70

Jour 72

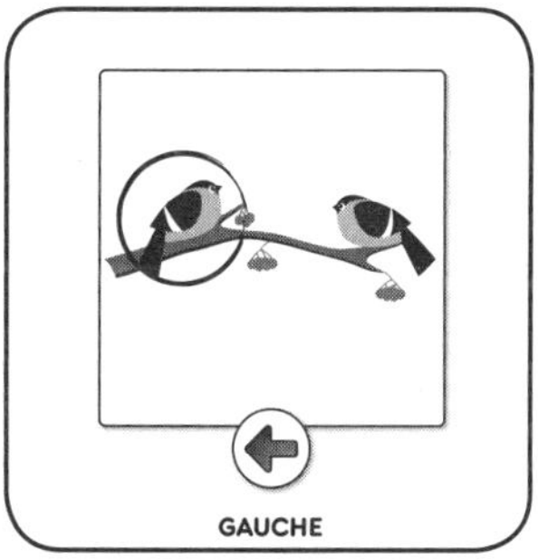

SOLUTIONS

Jour 74

C et D

Jour 75

Jour 76

C

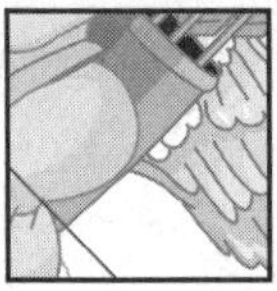

Jour 78

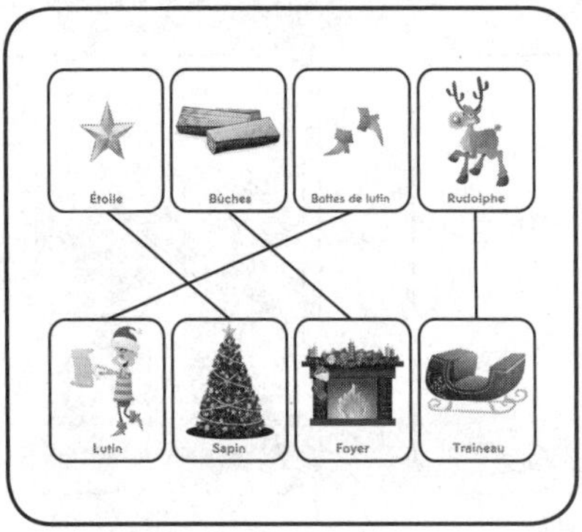

Jour 79

Jour 80

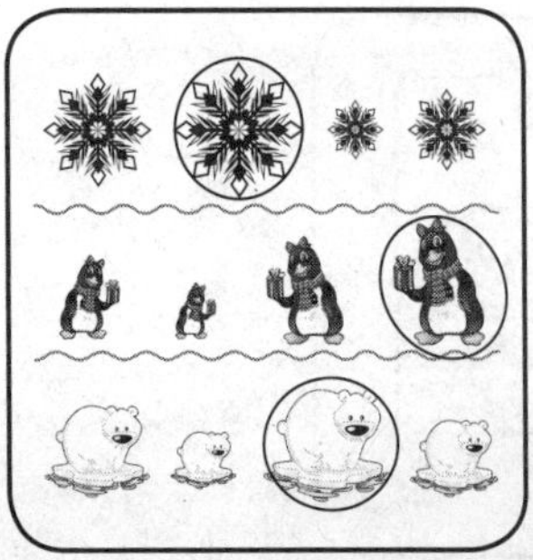

Jour 82

Jour 83

Jour 84

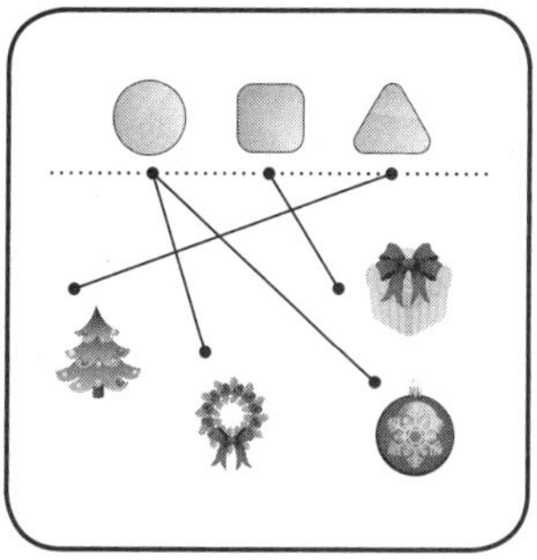

Jour 85

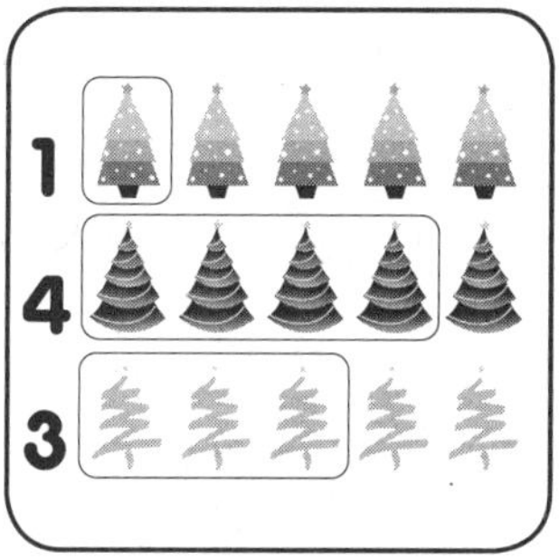

Jour 86

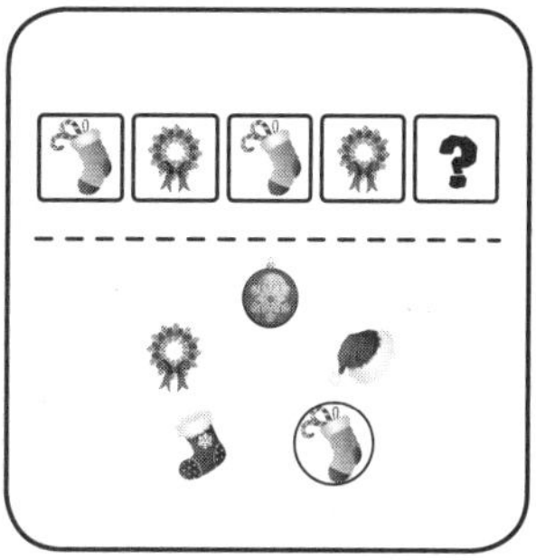

Jour 87

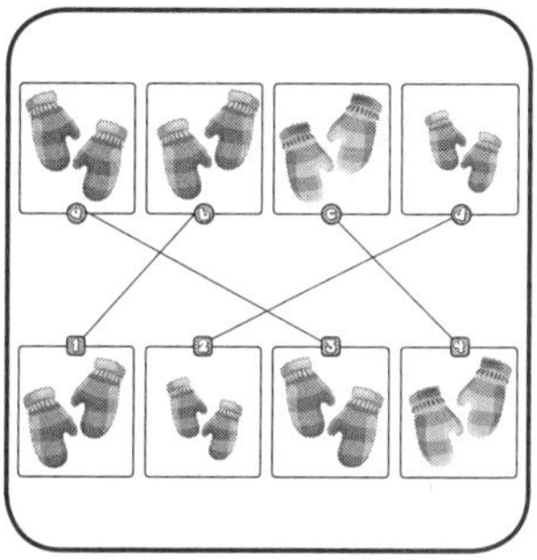

Jour 88

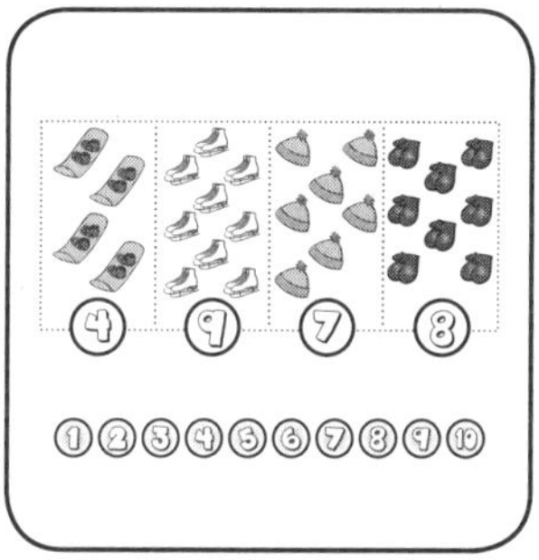

Jour 89

Jour 90

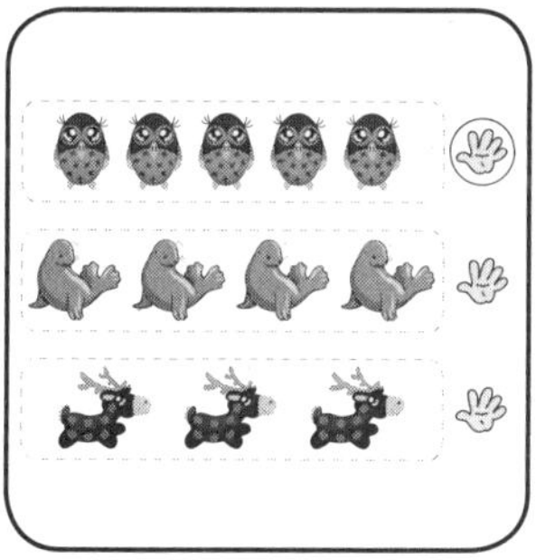

Jour 92

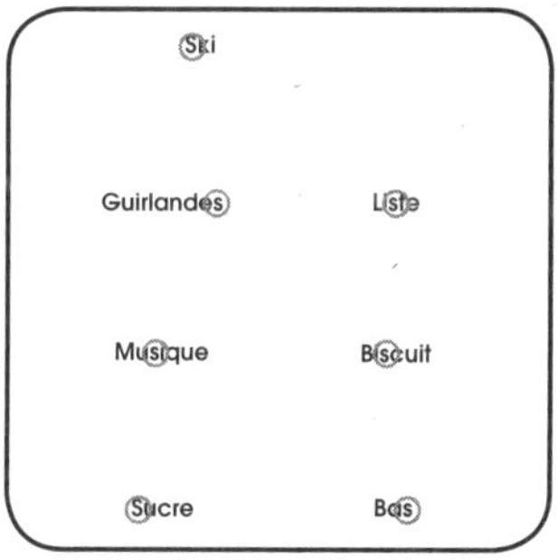

Jour 93

Jour 94

Jour 96

SOLUTIONS

Jour 98

A et C

Jour 99

Jour 100

D

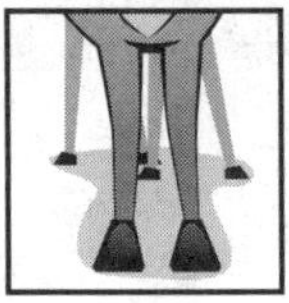

Jour 102

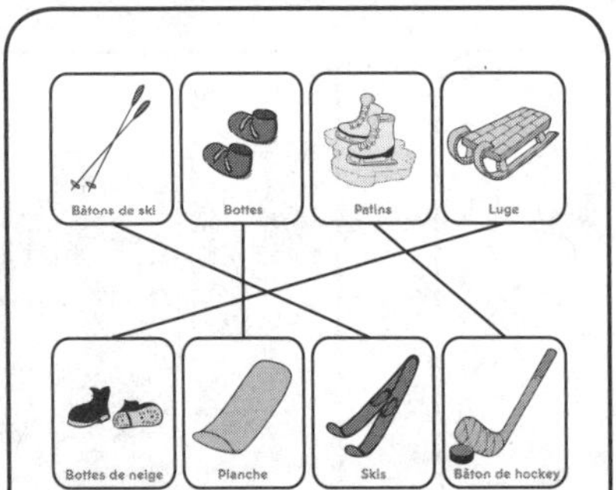

Jour 103

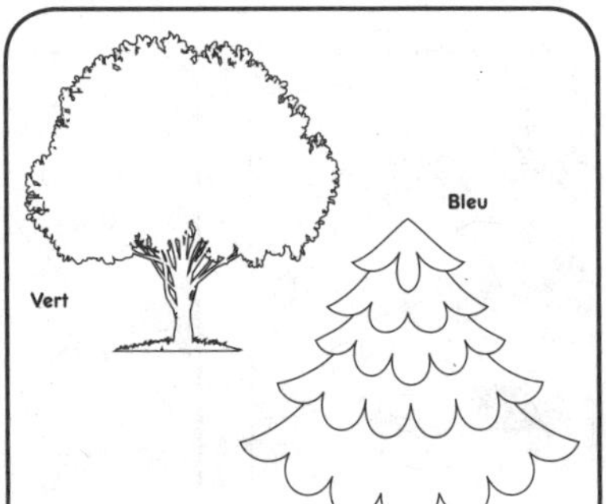

Jour 104

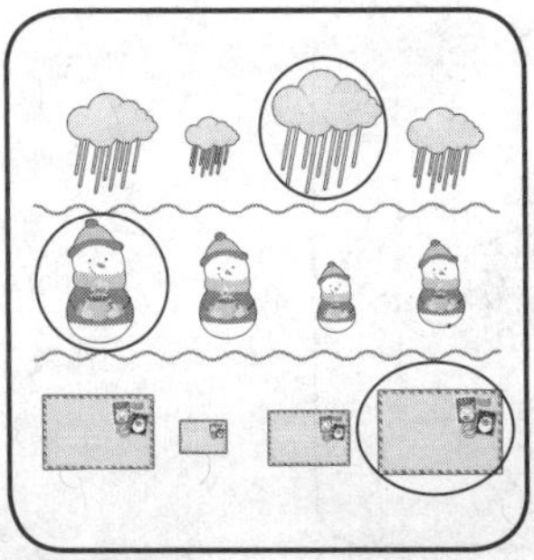

Jour 106

Jour 107

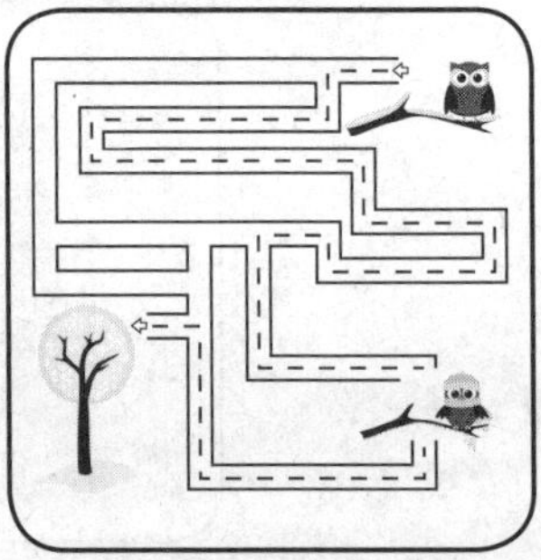

Jour 108

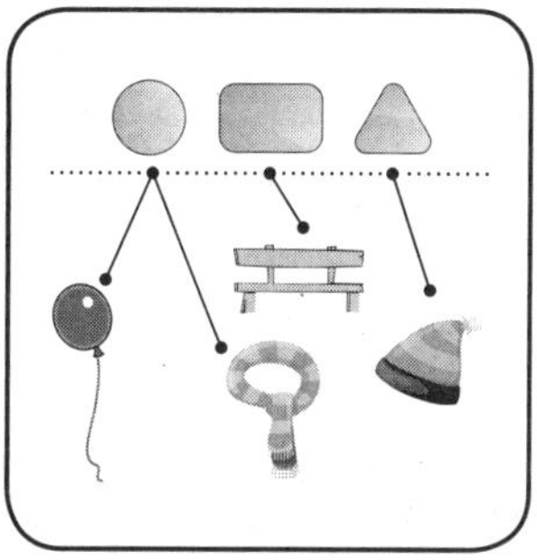

Jour 109

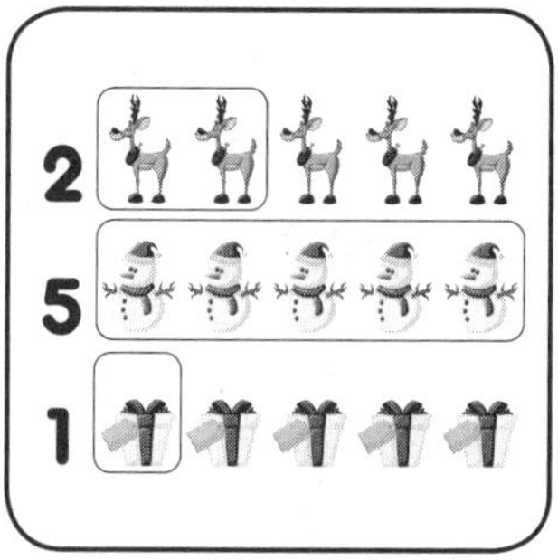

Jour 110

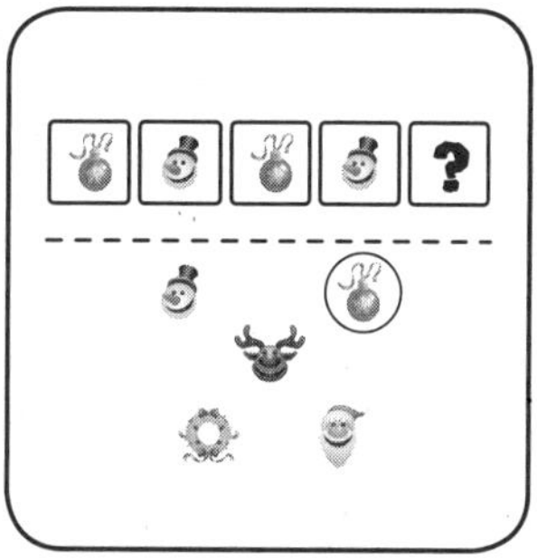

Jour 111

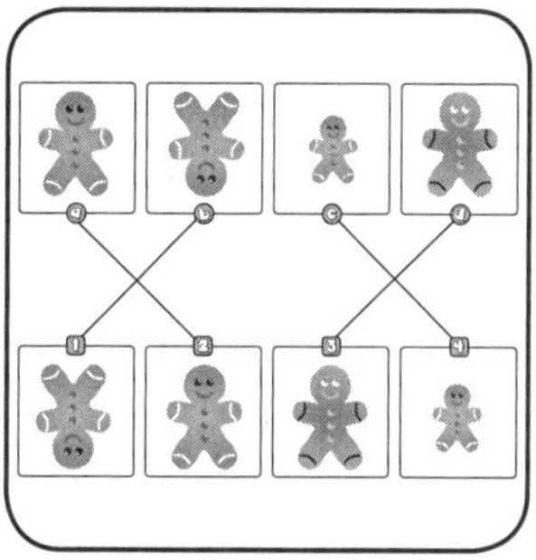

Jour 112

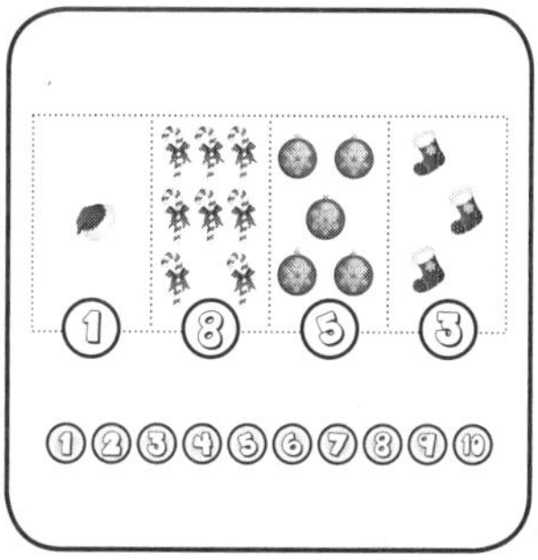

Jour 113

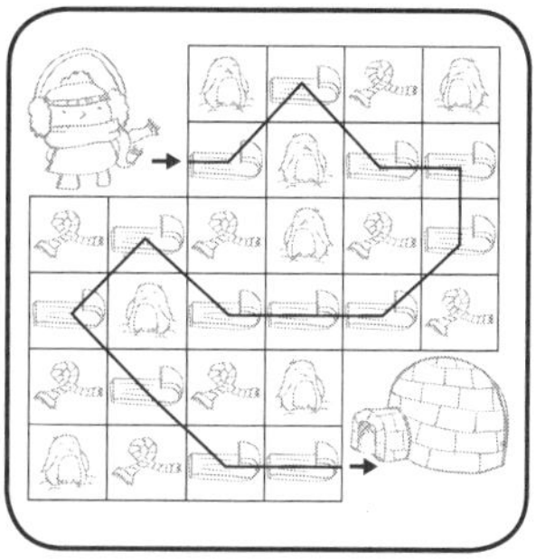

Jour 114

Jour 116

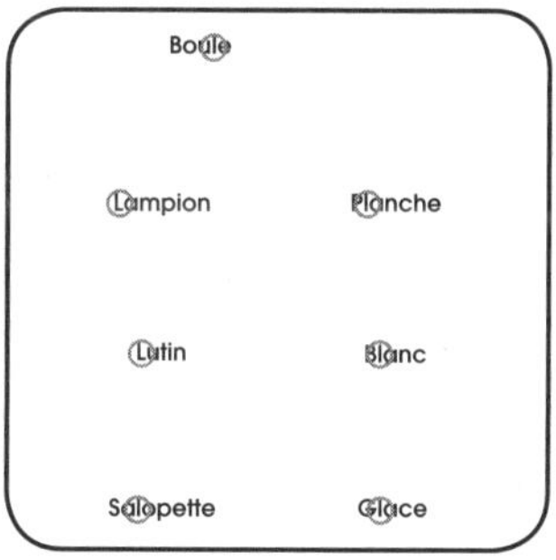

Jour 117

Jour 118

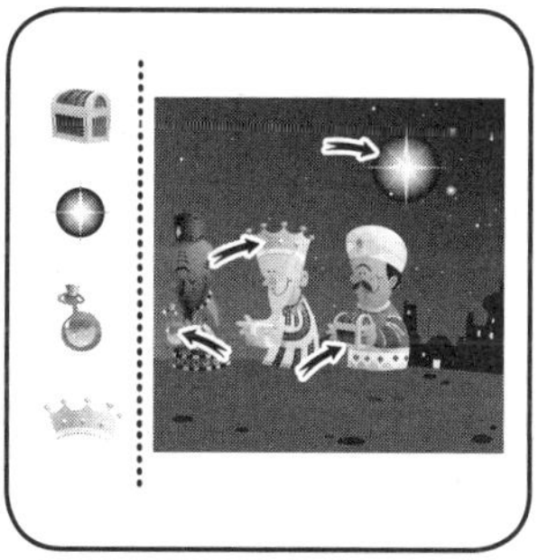

Jour 120

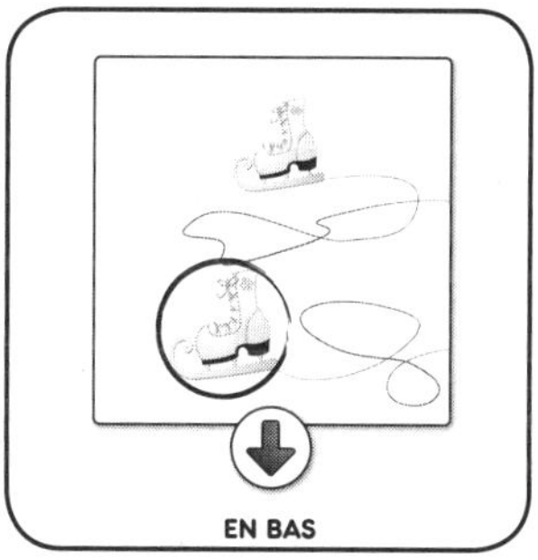

SOLUTIONS

Jour 122

A et B

Jour 123

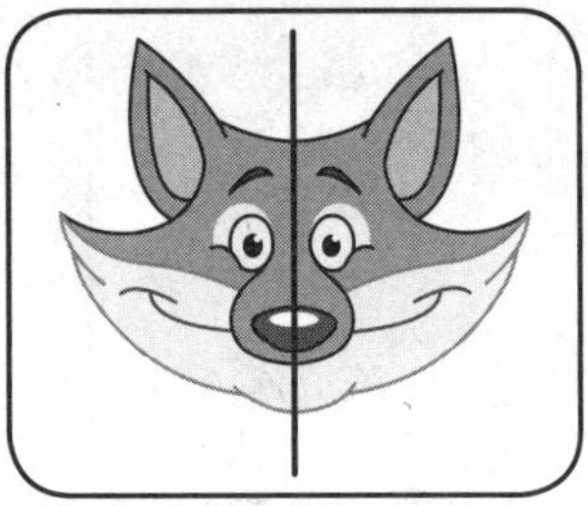

Jour 124

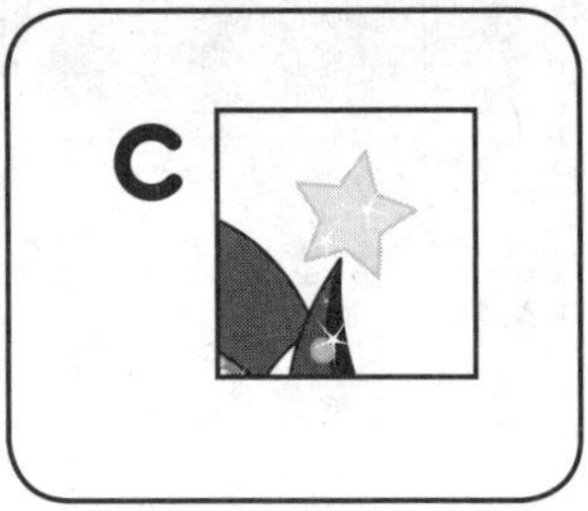

Jour 126

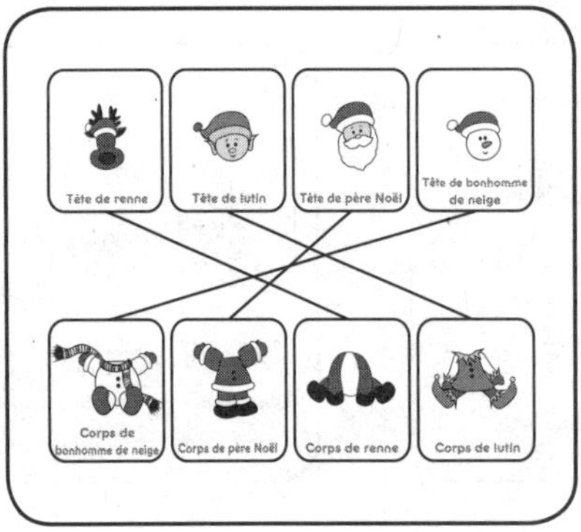

Jour 127

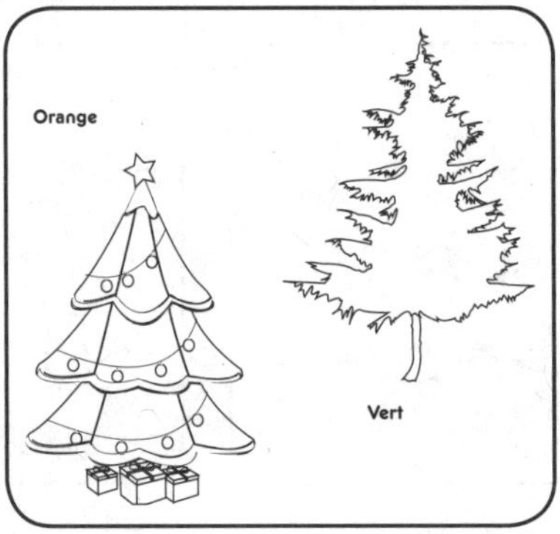

Jour 128

Jour 130

Jour 131

Jour 132

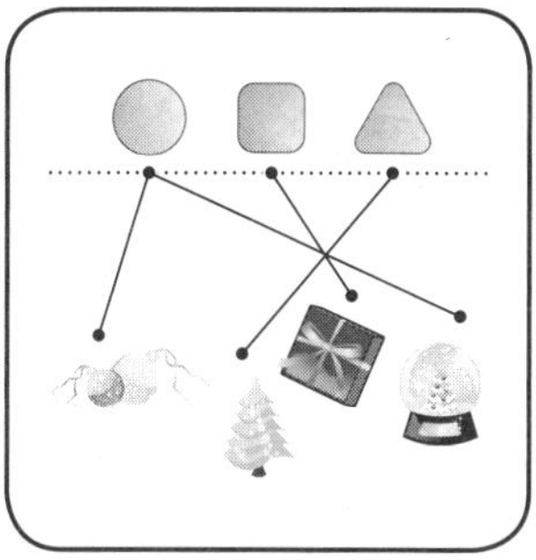

Jour 133

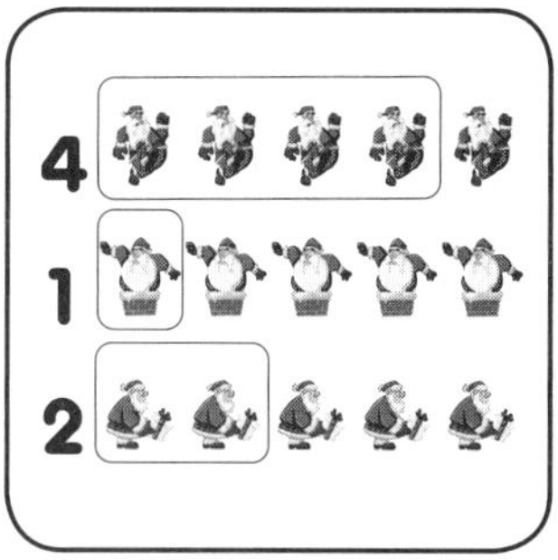

Jour 134

Jour 135

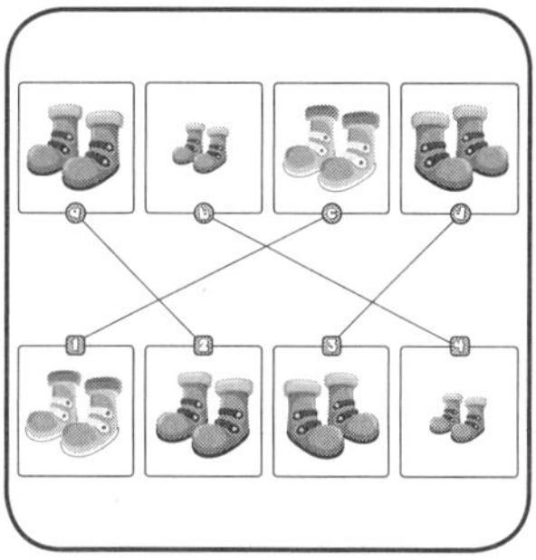

Jour 136

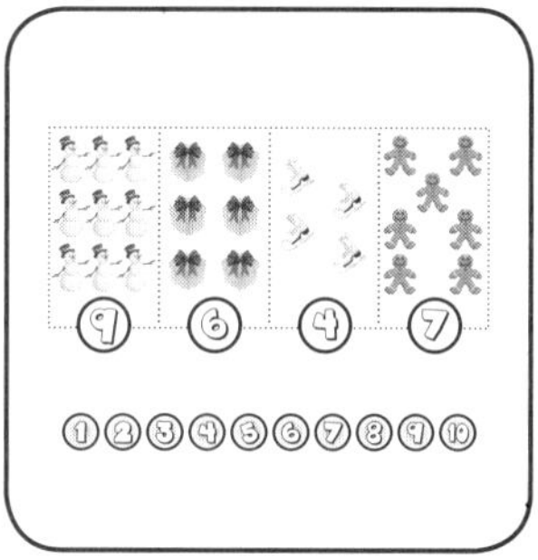

Jour 137

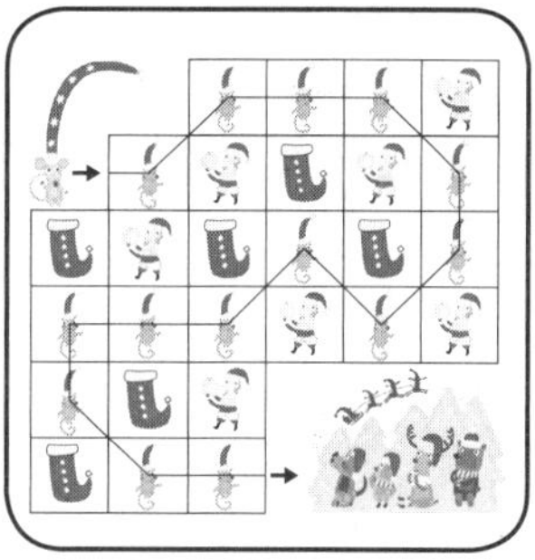

Jour 138

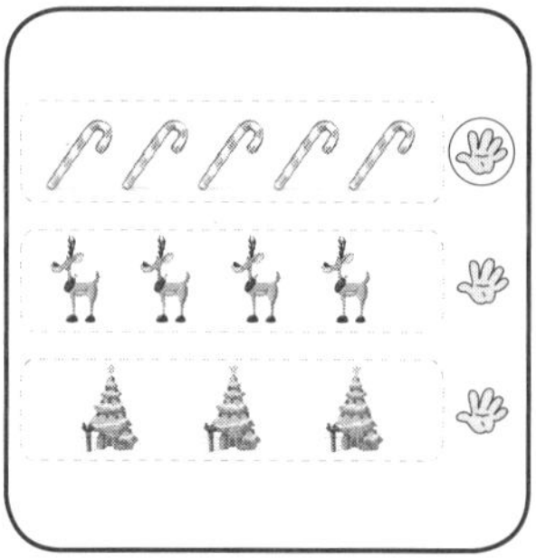

Jour 140

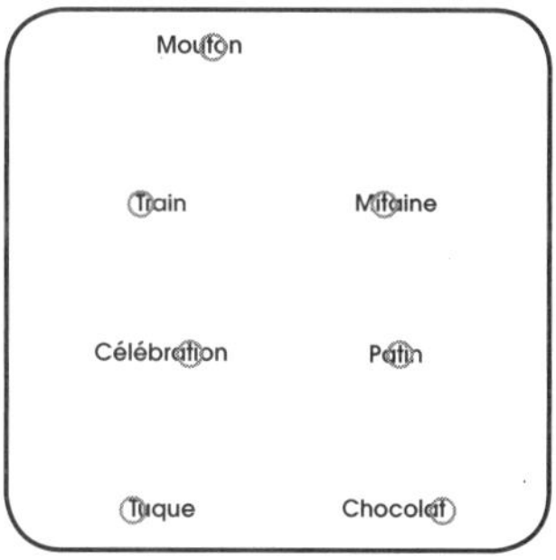

Jour 141

Jour 142

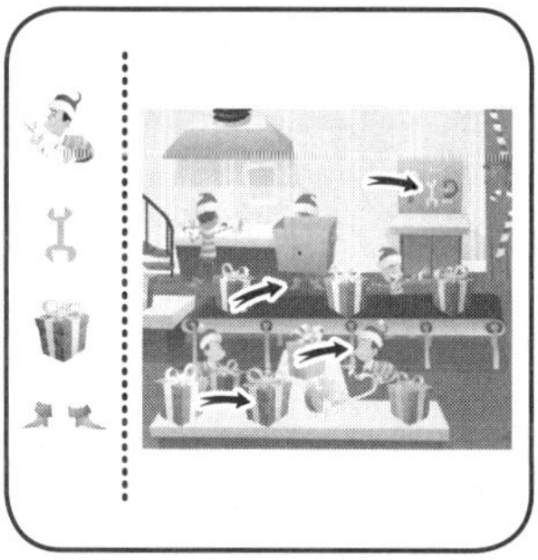

Jour 144

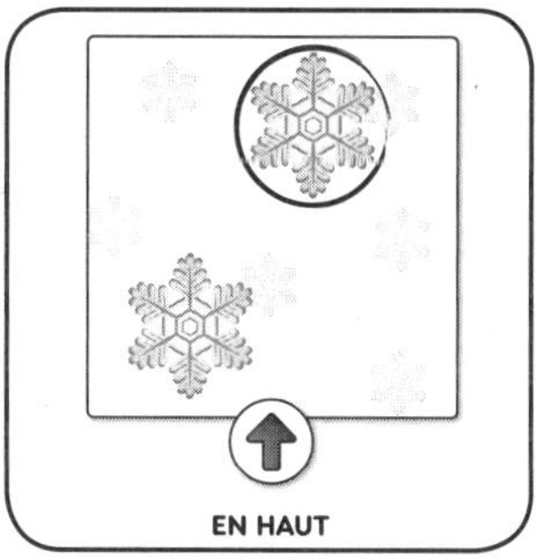

SOLUTIONS

Jour 146

A et D

Jour 147

Jour 148

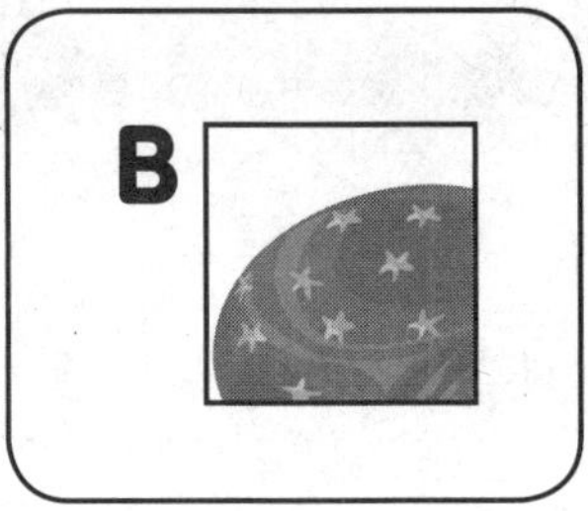

Jour 150

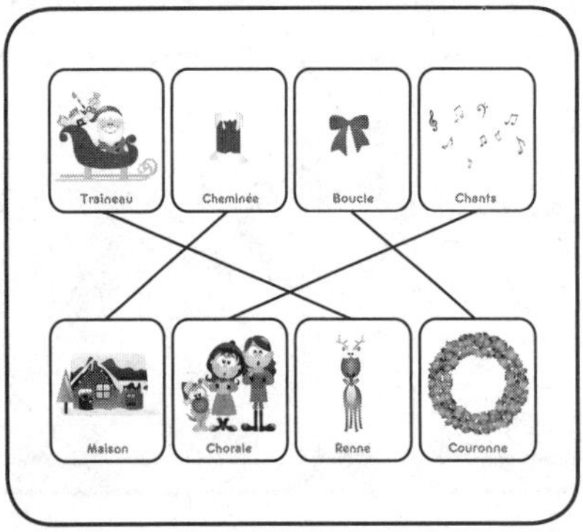

Jour 151

Jour 152

Jour 154

Jour 155

Jour 156

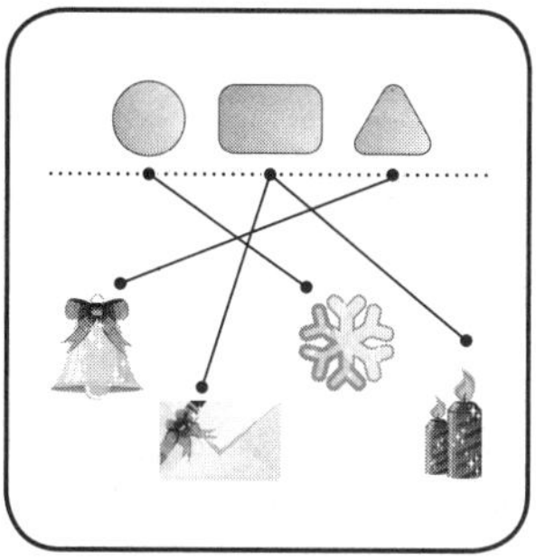

Jour 157

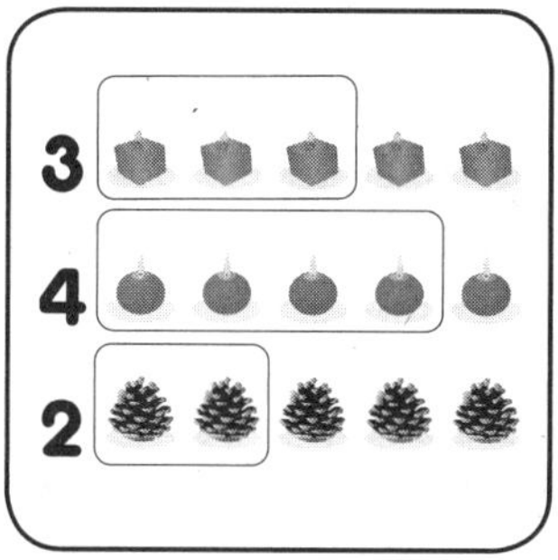

Jour 158

Jour 159

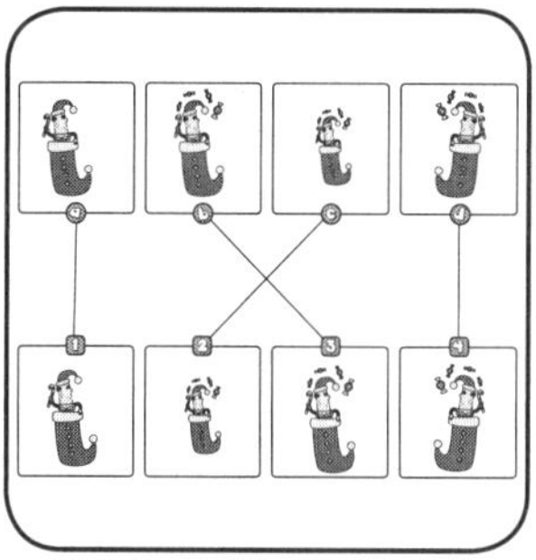

Jour 160

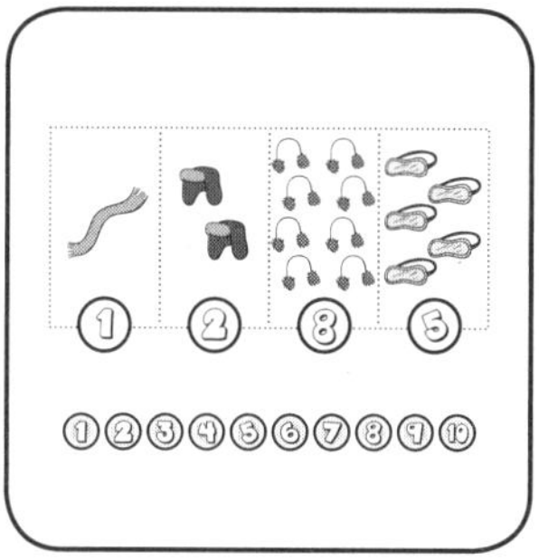

Jour 161

Jour 162

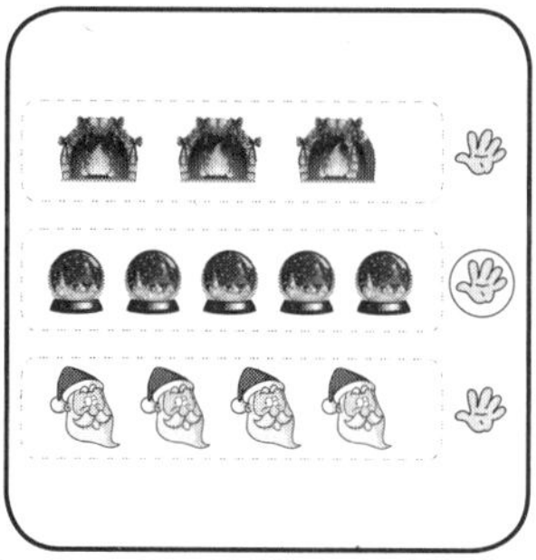

Jour 164

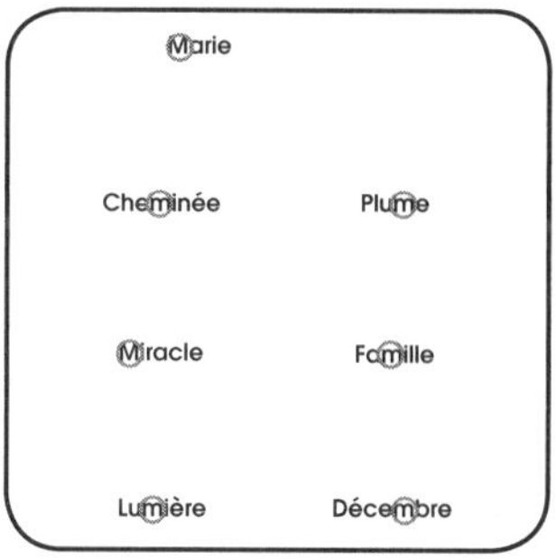

Jour 165

Jour 166

Jour 168

SOLUTIONS

Jour 170

B et D

Jour 171

Jour 172

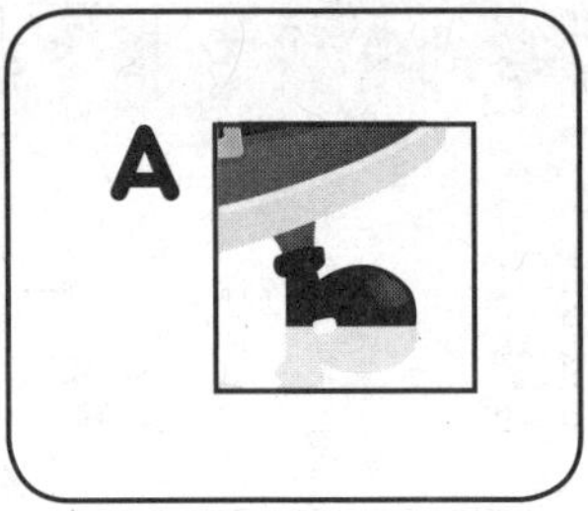

Jour 174

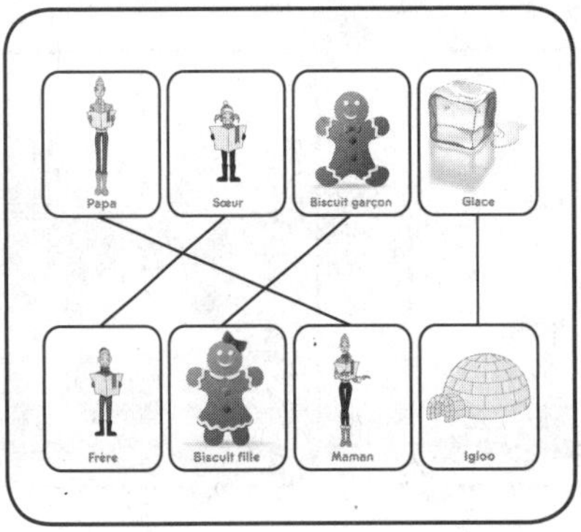

Jour 175

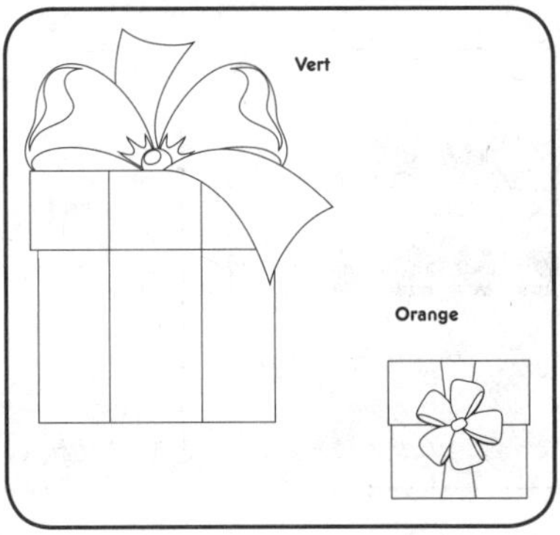

Jour 176

Jour 178

Jour 179

Jour 180

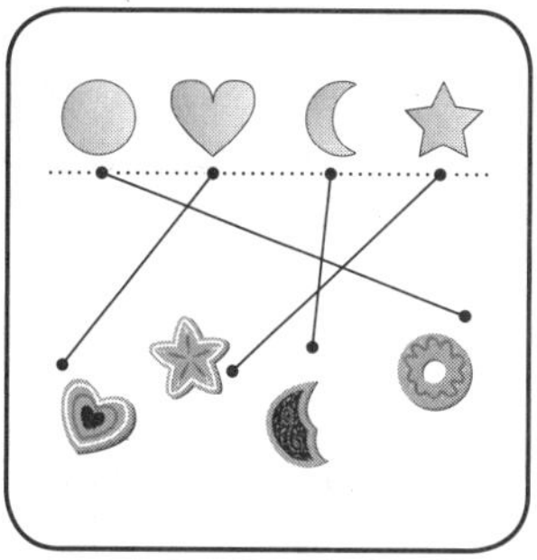

Jour 181

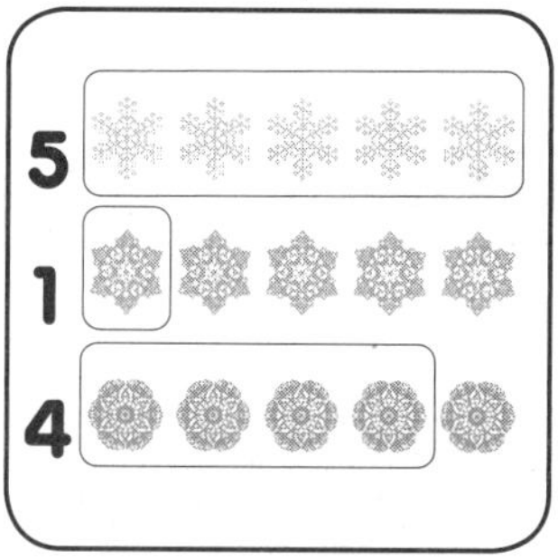

Jour 182

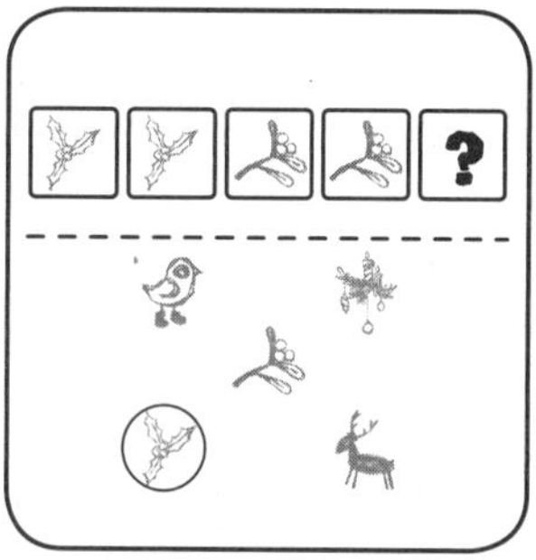

Jour 183

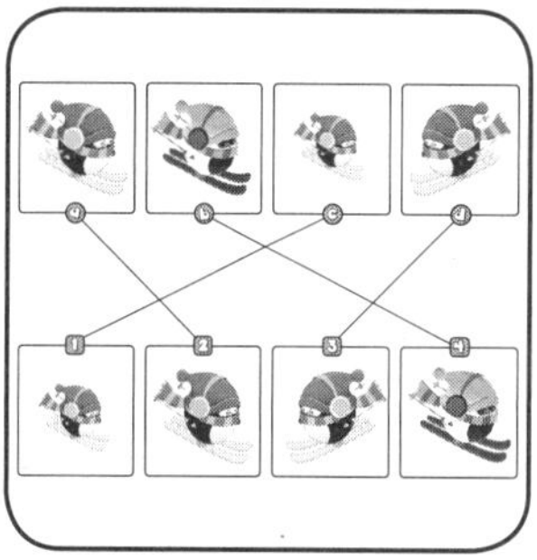

Jour 184

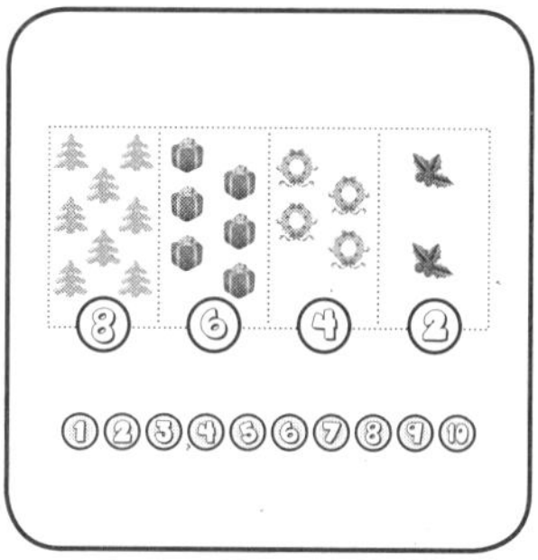

Jour 185

Jour 186

Jour 188

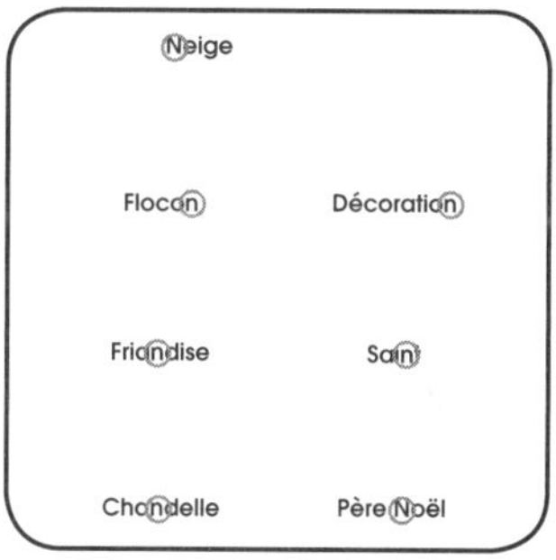

Jour 189

Jour 190

Jour 192

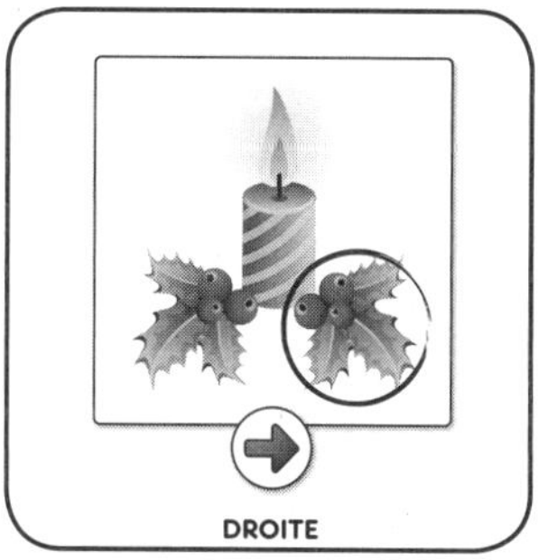

SOLUTIONS

Jour 194

B et C

Jour 195

Jour 196

Jour 198

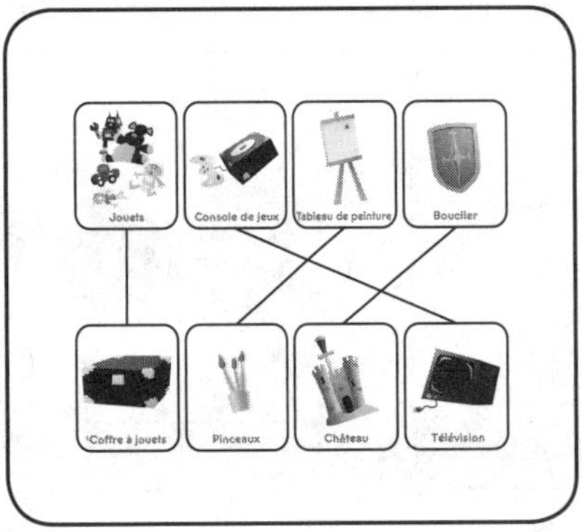

Jour 199

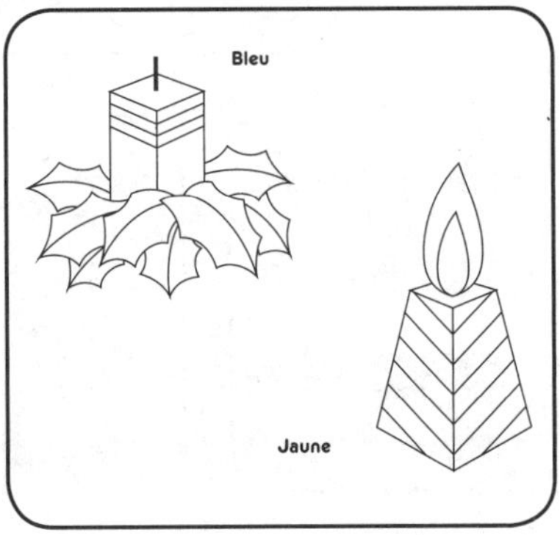

Jour 200

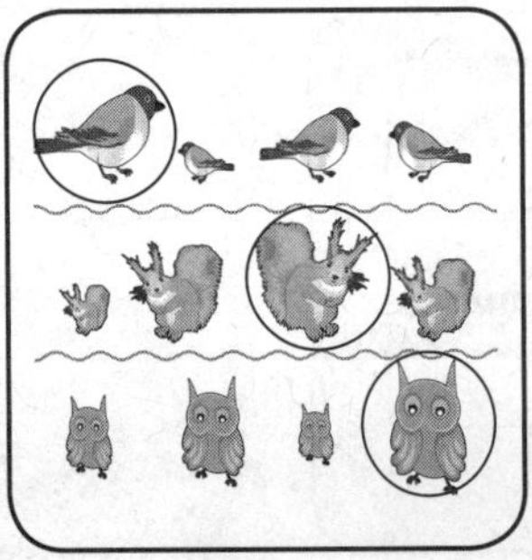

Jour 202

Jour 203

Jour 204

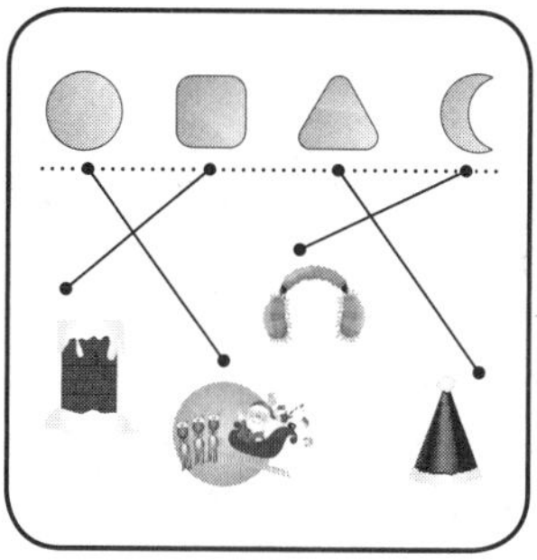

Jour 205

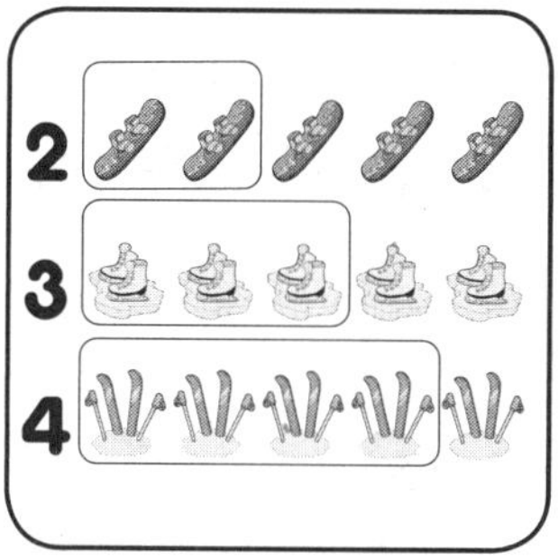

Jour 206

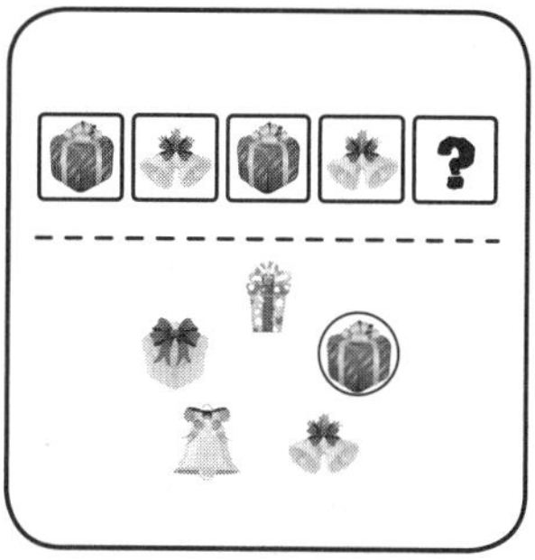

Jour 207

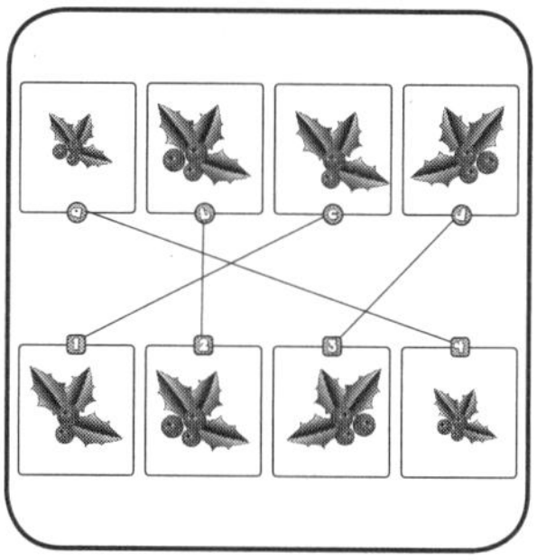

Jour 208

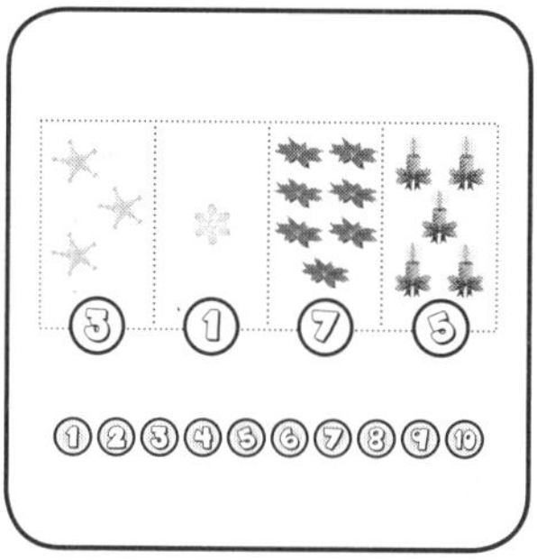

Jour 209

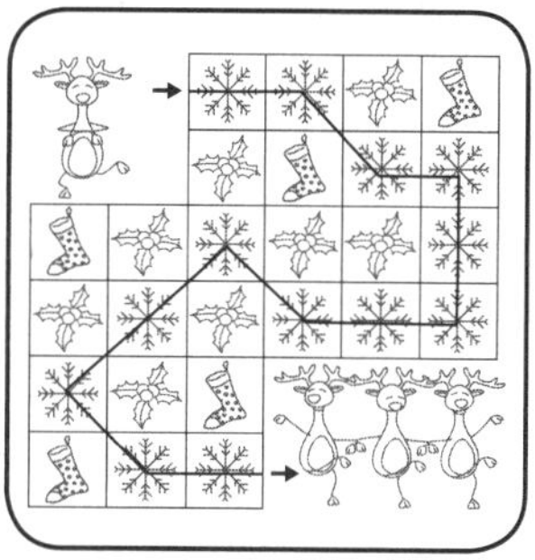

Jour 210

Jour 212

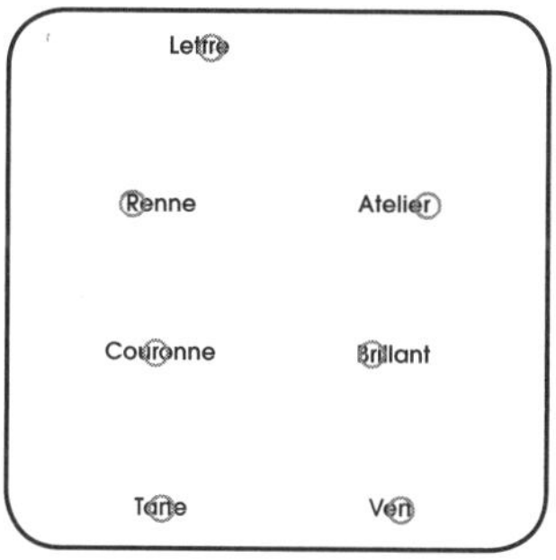

Jour 213

Jour 214

Jour 216

SOLUTIONS

Jour 218

A et C

Jour 219

Jour 220

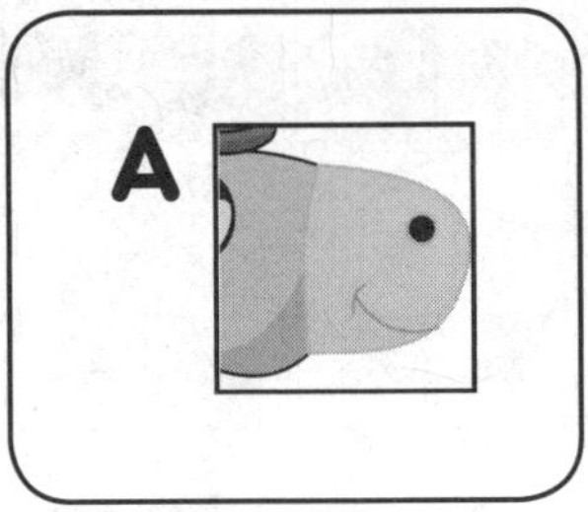

Jour 222

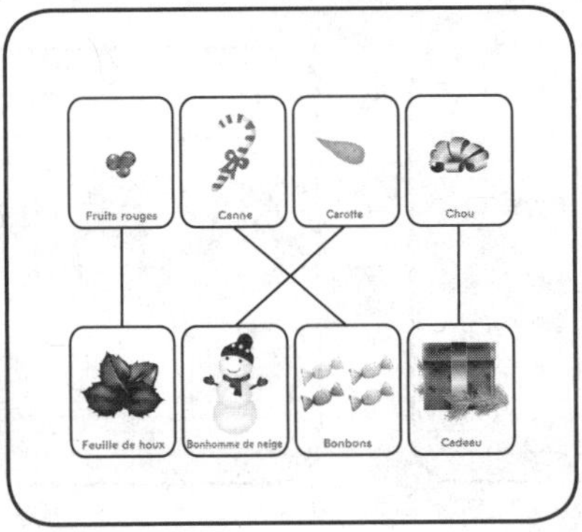

Jour 223

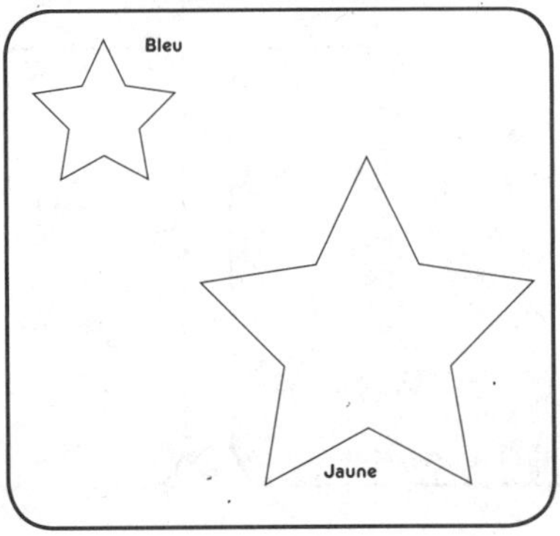

Jour 224

Jour 226

Jour 227

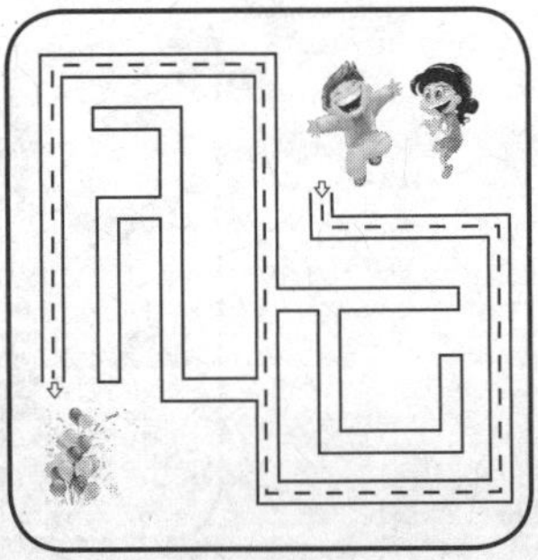

Jour 228

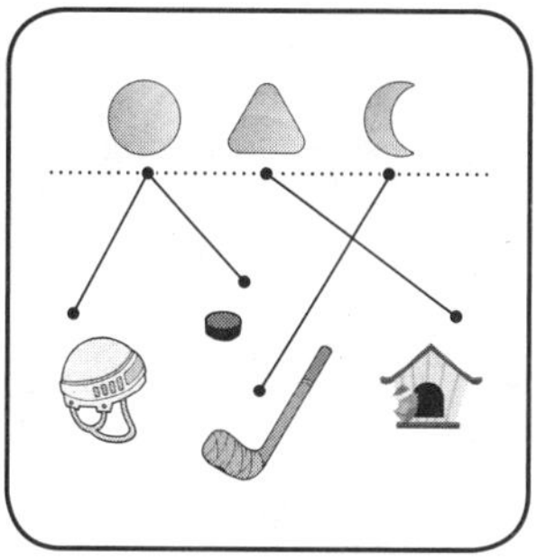

Jour 229

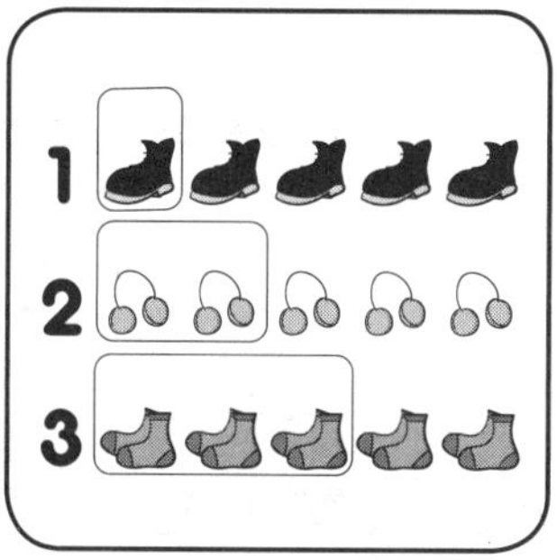

Jour 230

Jour 231

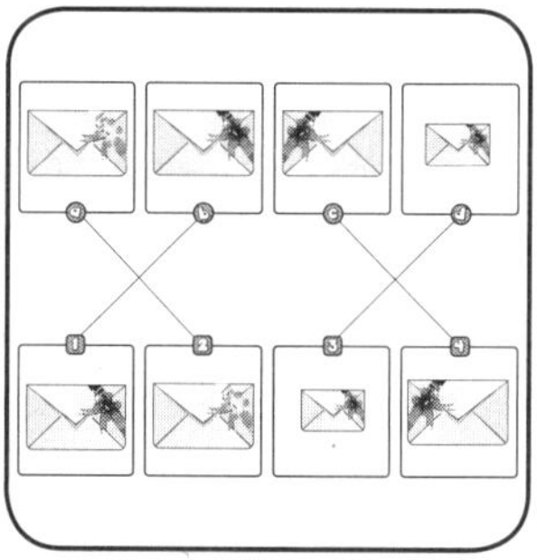

Jour 232

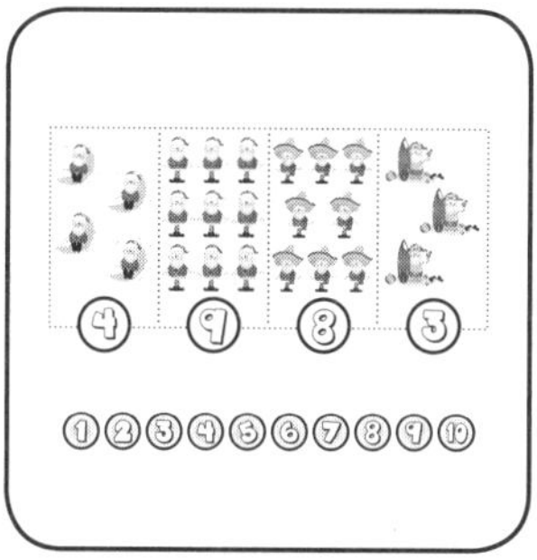

Jour 233

Jour 234

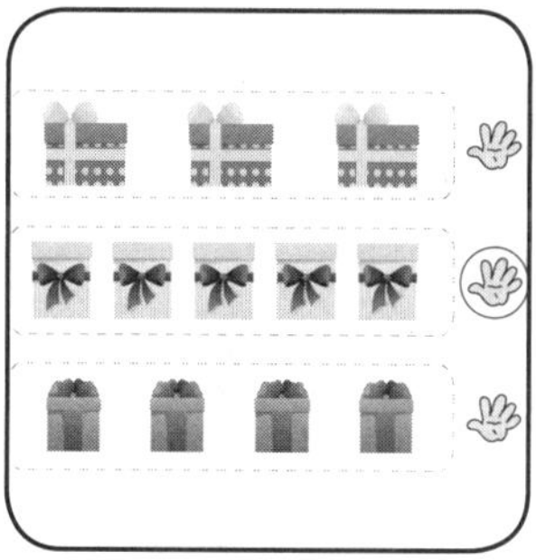

Jour 236

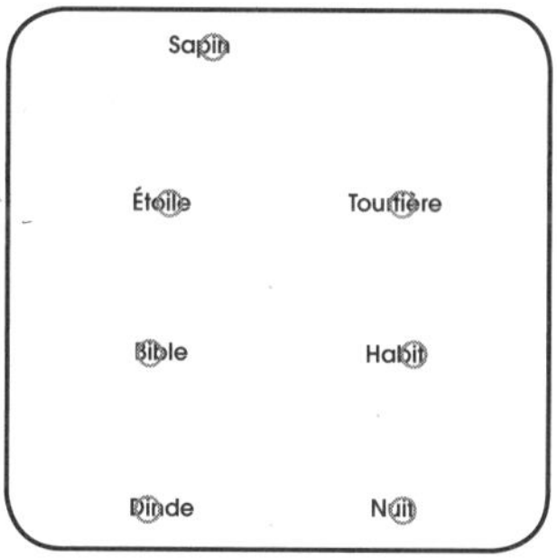

Jour 237

Jour 238

Jour 240

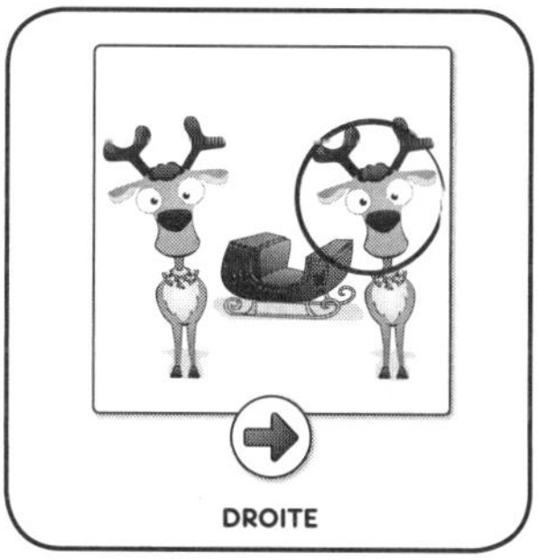

SOLUTIONS

Jour 242

C et D

Jour 243

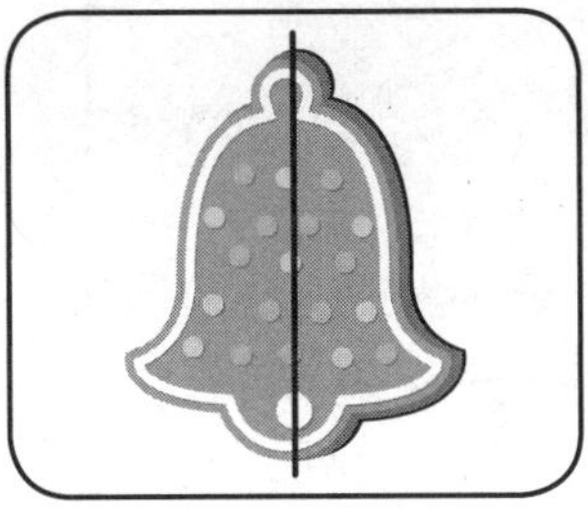

Jour 244

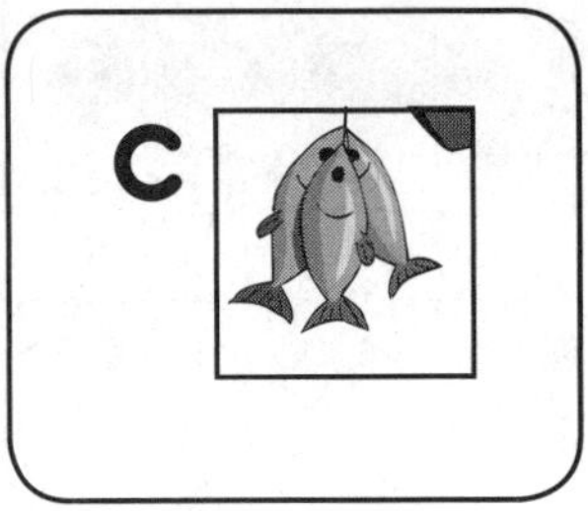

Jour 246

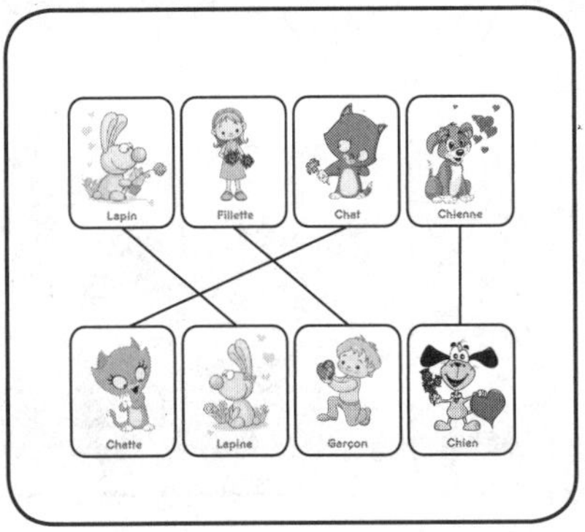

Jour 247

Jour 248

Jour 250

Jour 251

Jour 252

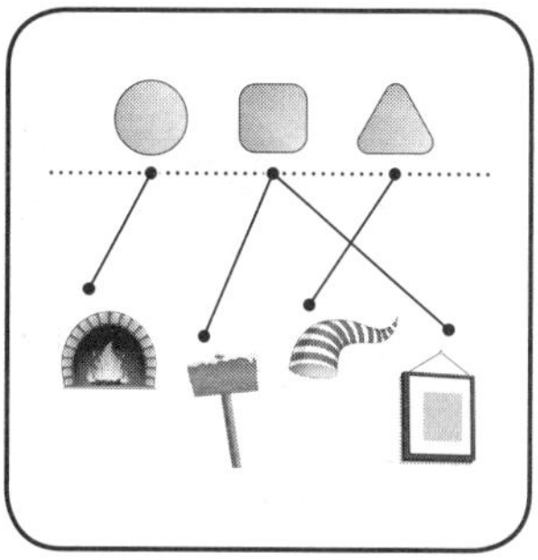

Jour 253

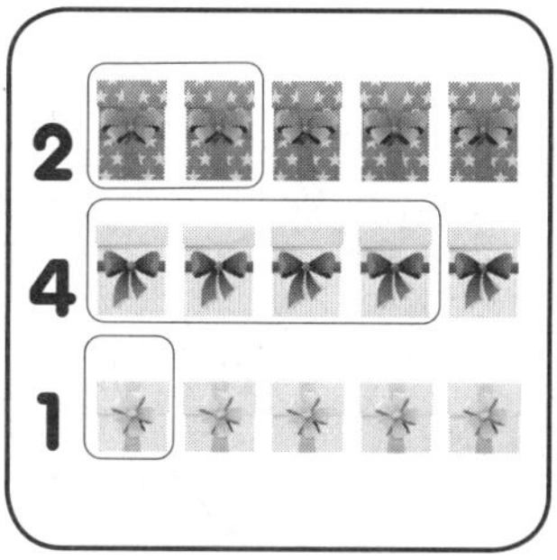

Jour 254

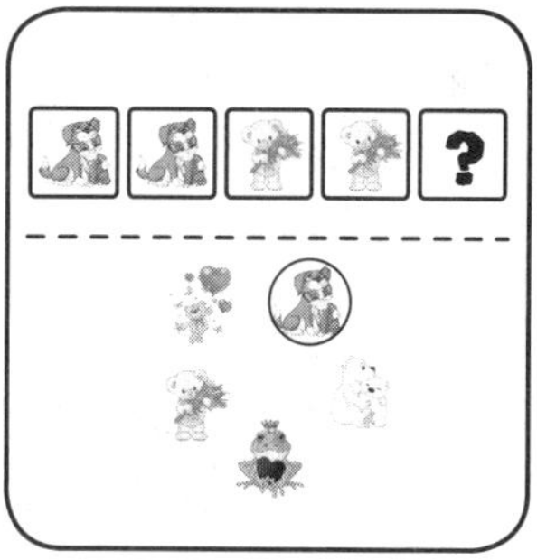

Jour 255

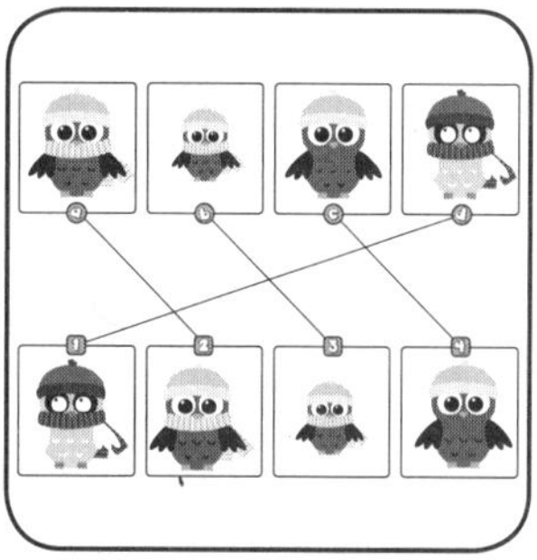

Jour 256

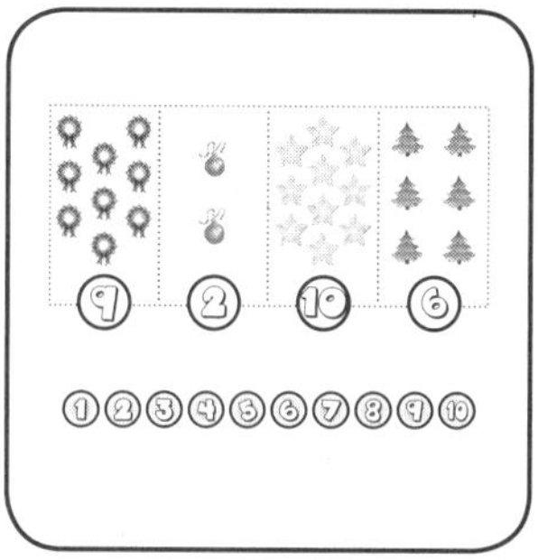

Jour 257

Jour 258

Jour 260

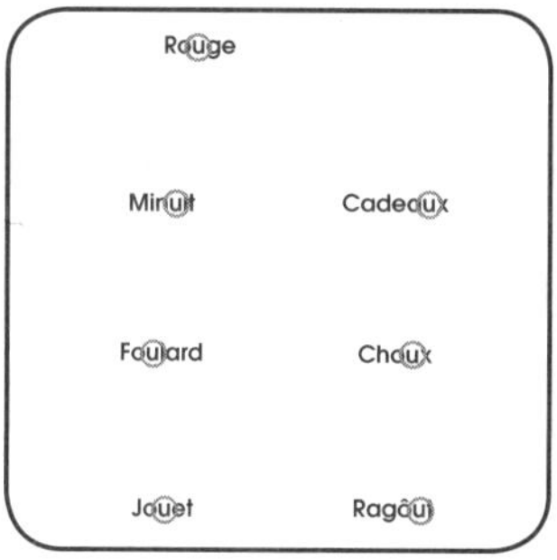

Jour 261

Jour 262

Jour 264

SOLUTIONS

Jour 266

A et C

Jour 267

Jour 268

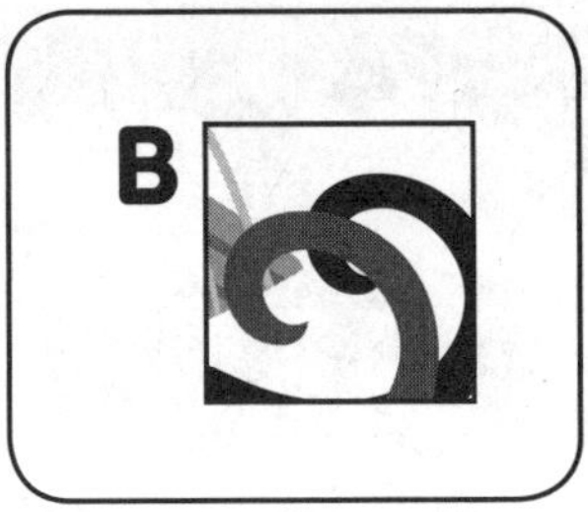

Jour 270

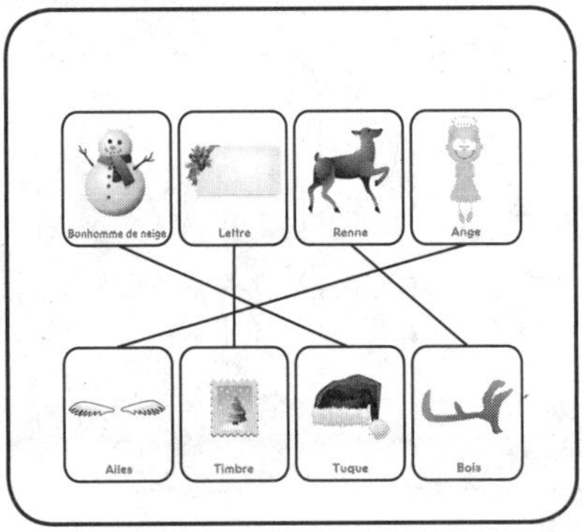

Jour 271

Jour 272

Jour 274

Jour 275

Jour 276

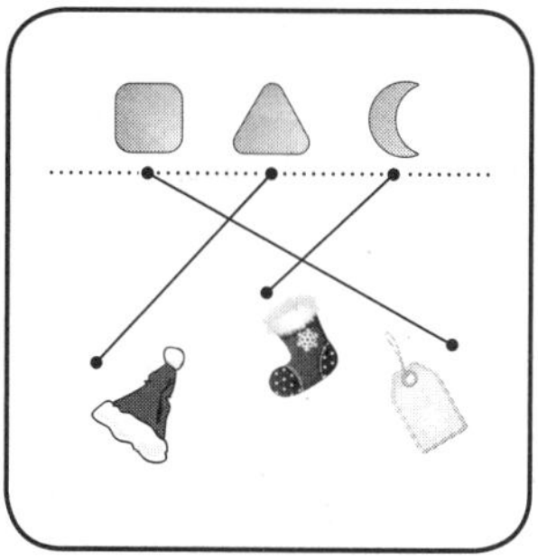

Jour 277

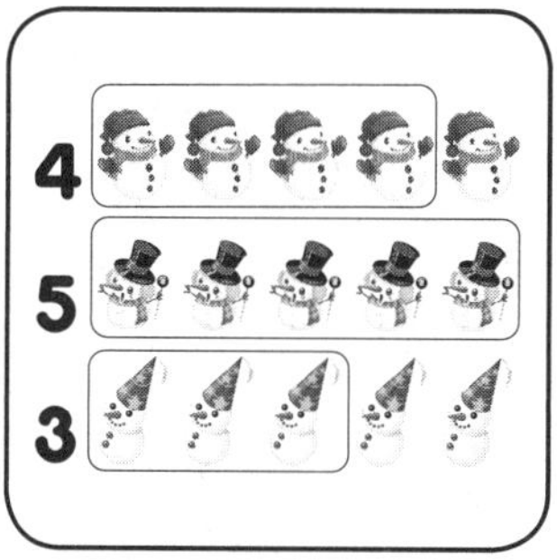

Jour 278

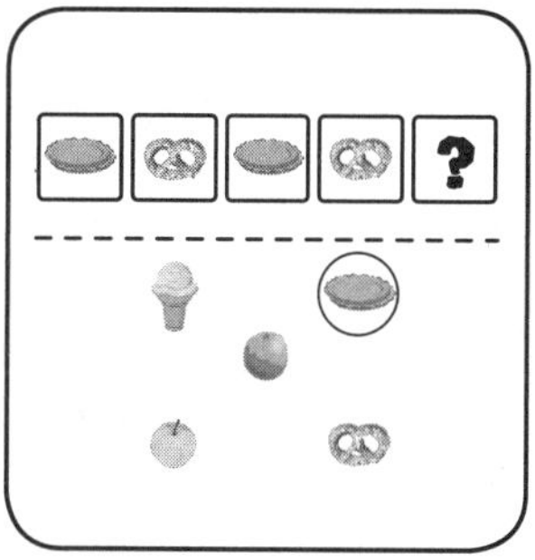

Jour 279

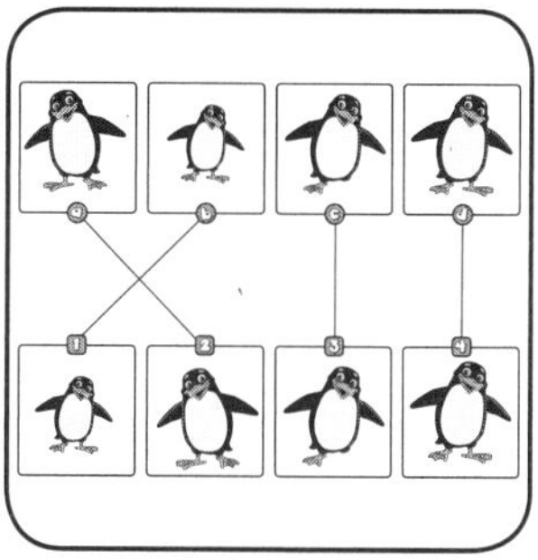

Jour 280

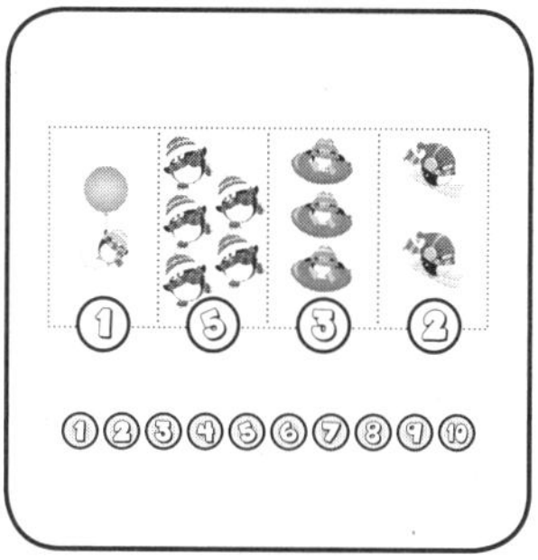

Jour 281

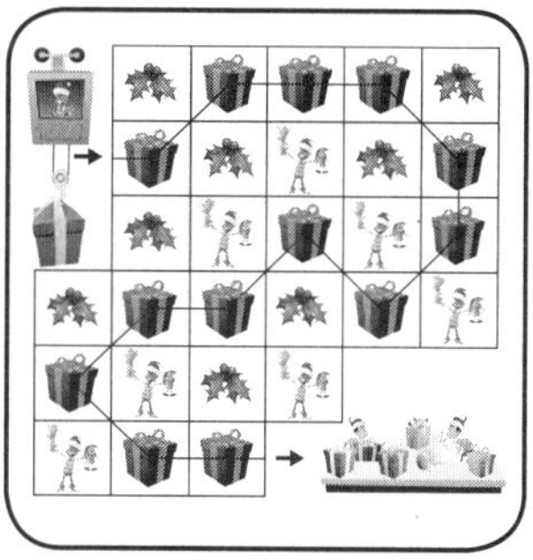

Jour 282

Jour 284

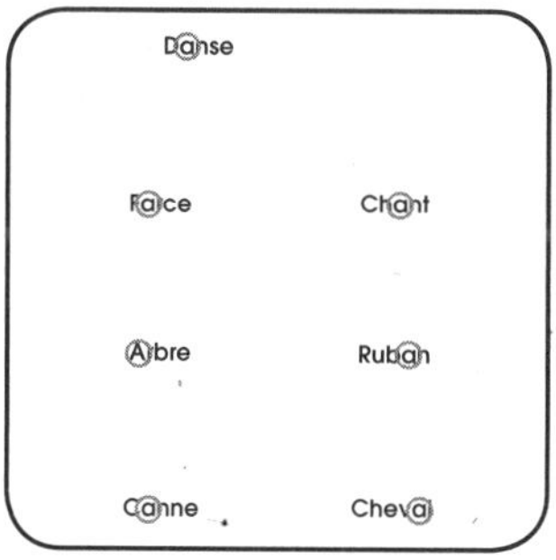

Jour 285

Jour 286

Jour 288

SOLUTIONS

Jour 290

B et D

Jour 291

Jour 292

Jour 294

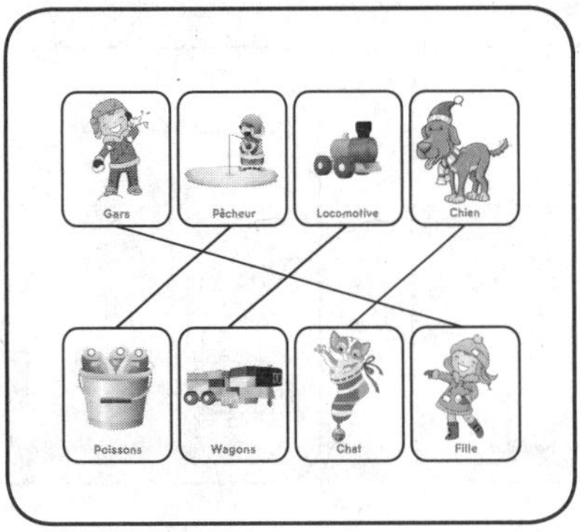

Jour 295

Jour 296

Jour 298

Jour 299

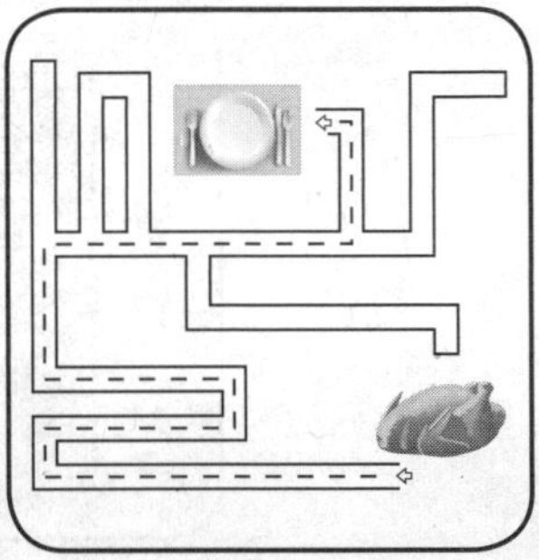

Jour 300

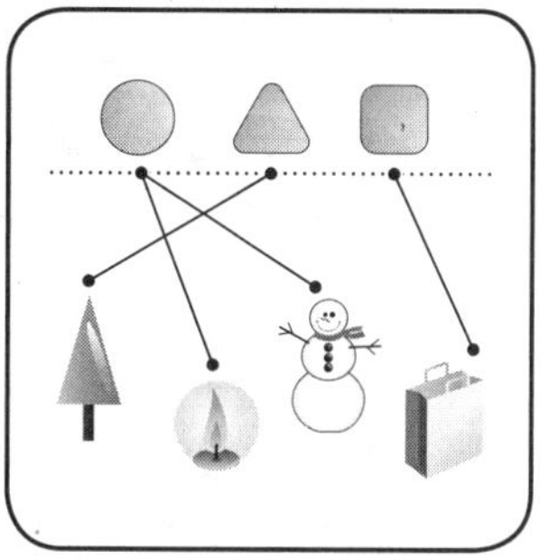

Jour 301

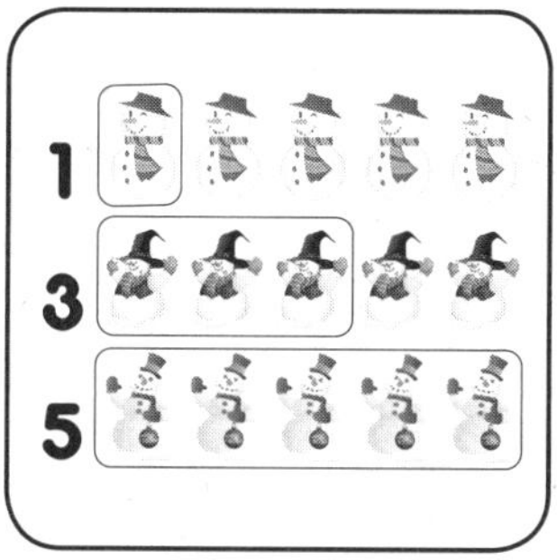

Jour 302

Jour 303

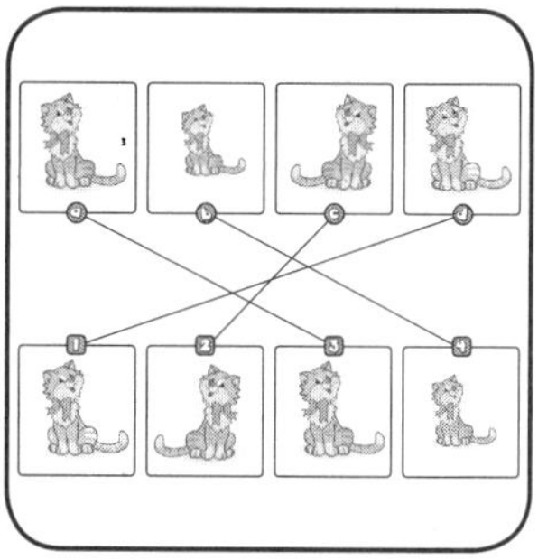

Jour 304

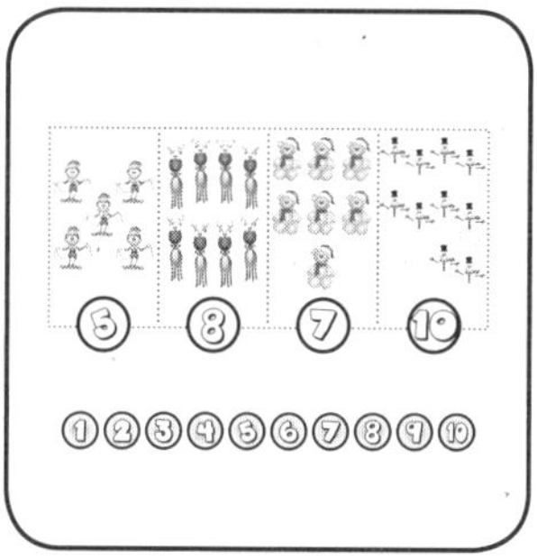

Jour 305

Jour 306

Jour 309

Jour 310

Jour 312

SOLUTIONS

Jour 314

B et C

Jour 315

Jour 316

C

Jour 318

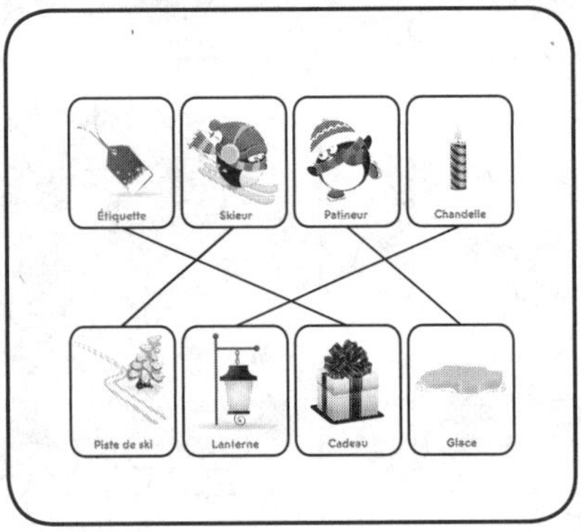

Jour 319

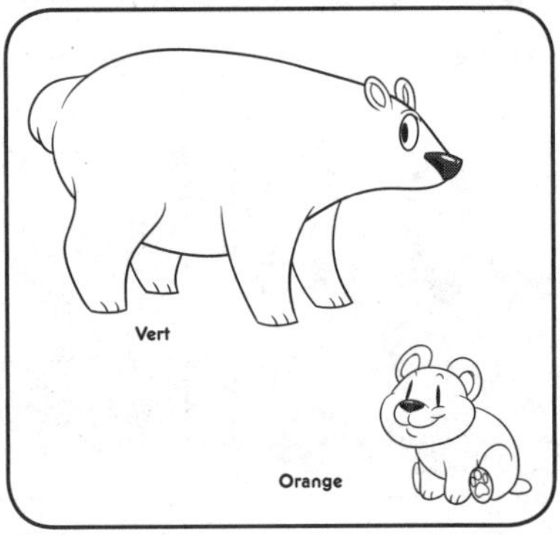

Jour 320

Jour 322

Jour 323

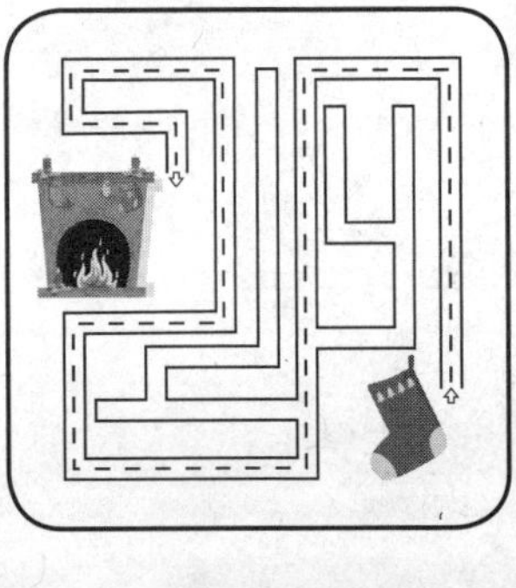

Jour 324

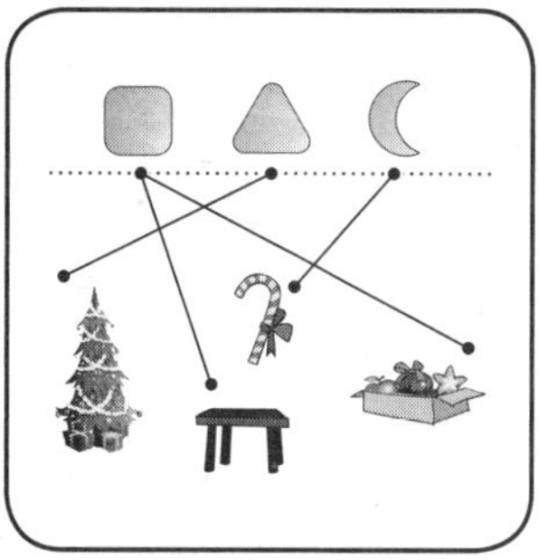

Jour 325

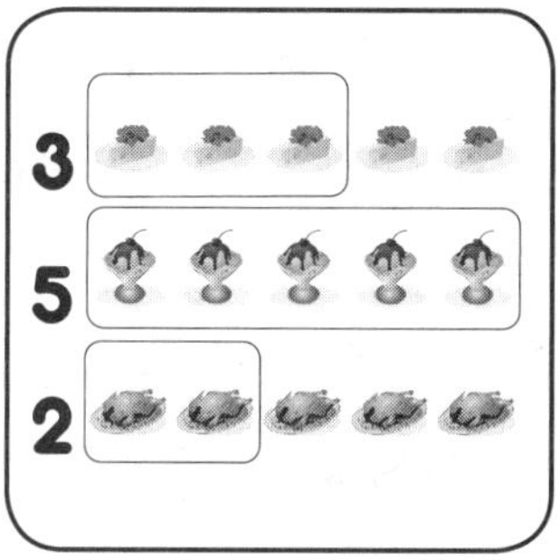

Jour 326

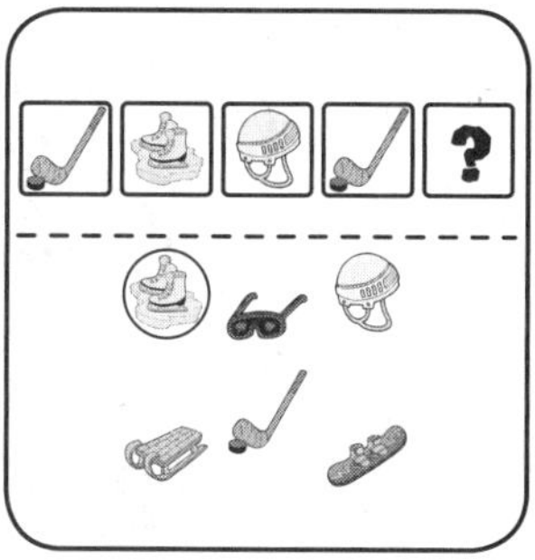

Jour 327

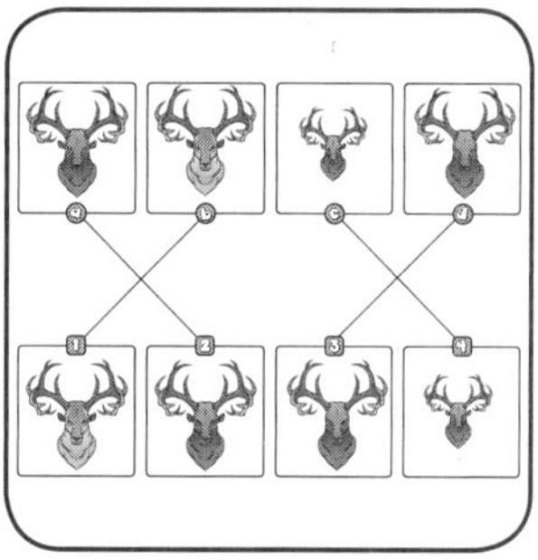

Jour 328

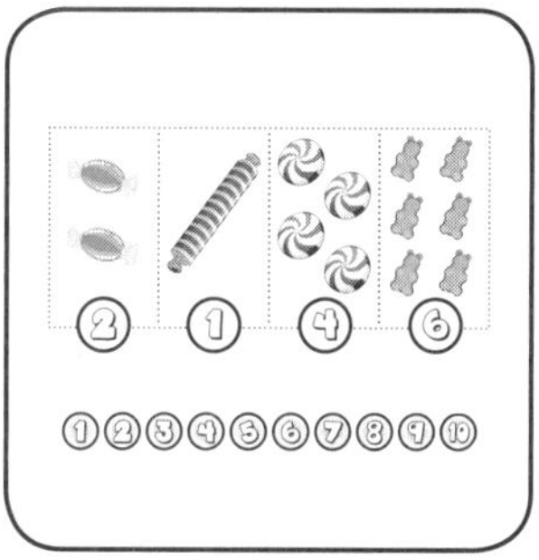

Jour 329

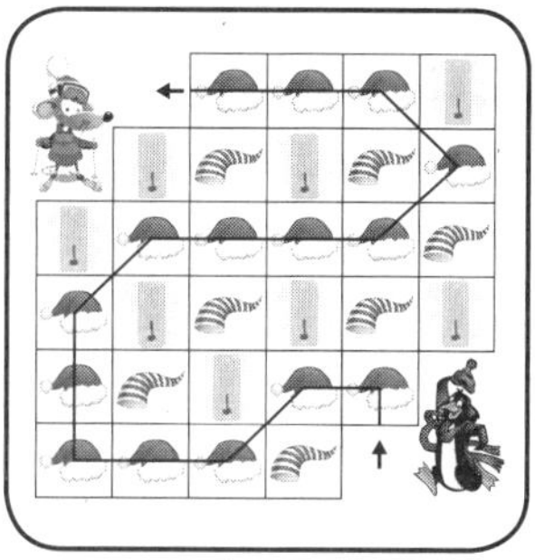

Jour 330

Jour 333

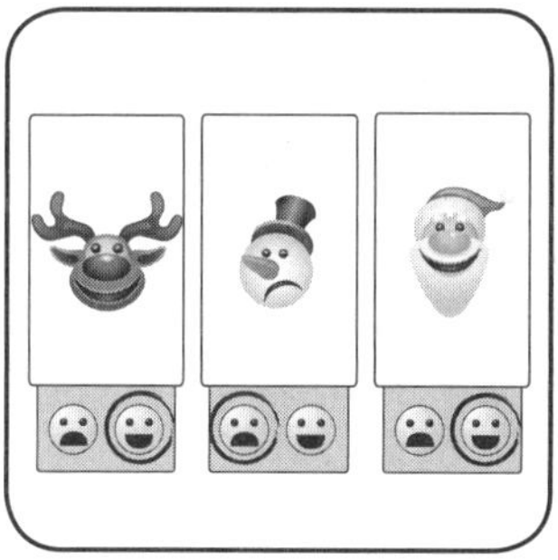

Jour 334

Jour 336

SOLUTIONS

Jour 338

A et D

Jour 339

Jour 340

C

Jour 342

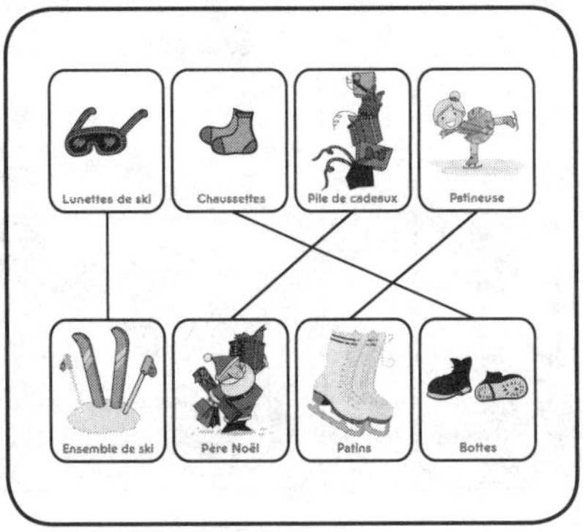

Jour 343

Jour 344

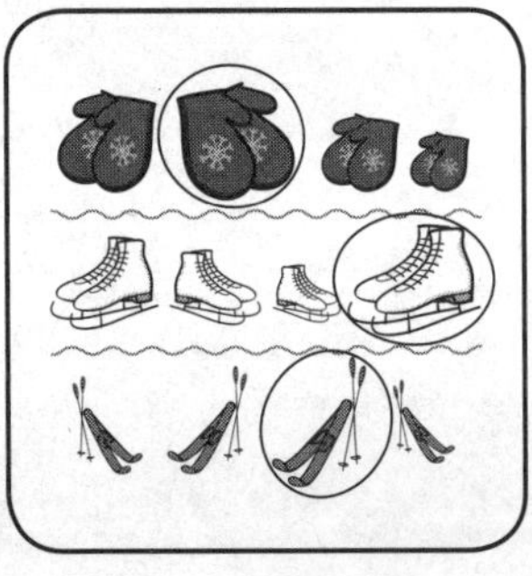

Jour 346

Jour 347

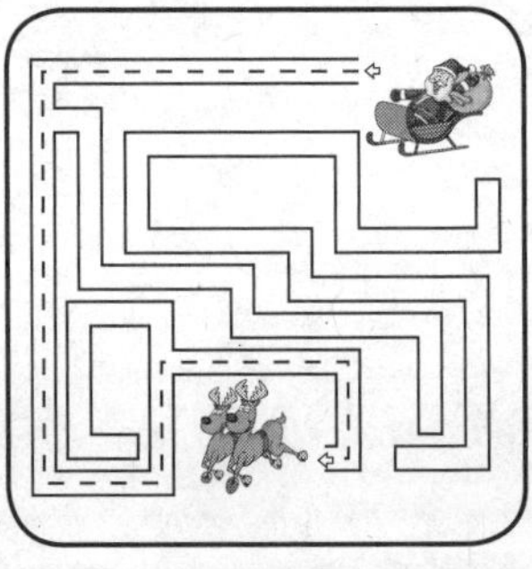

Jour 348

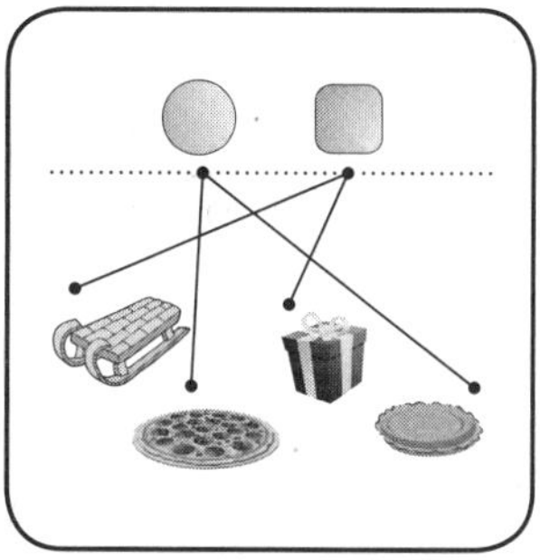

Jour 349

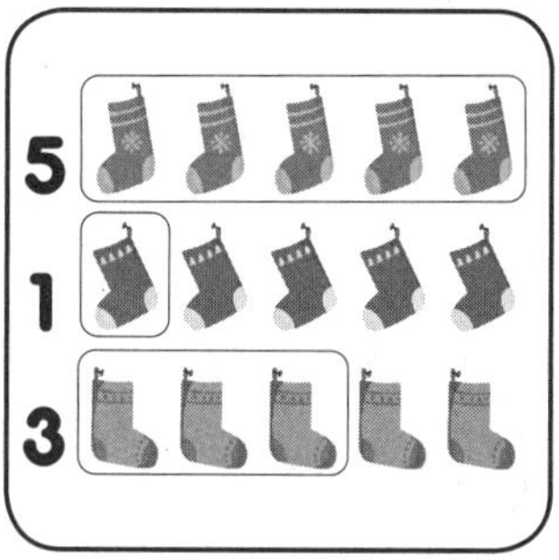

Jour 350

Jour 351

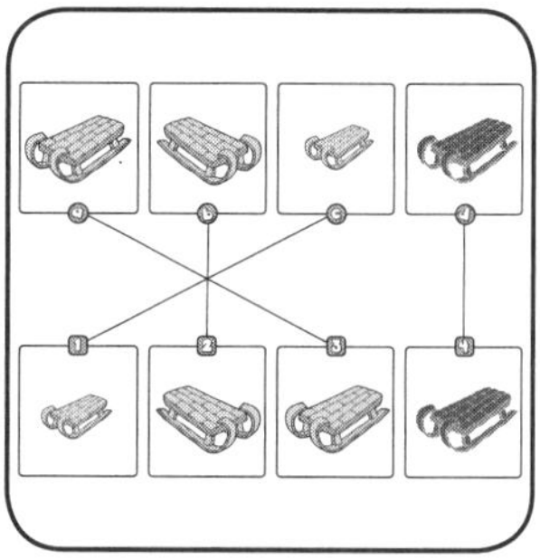

Jour 352

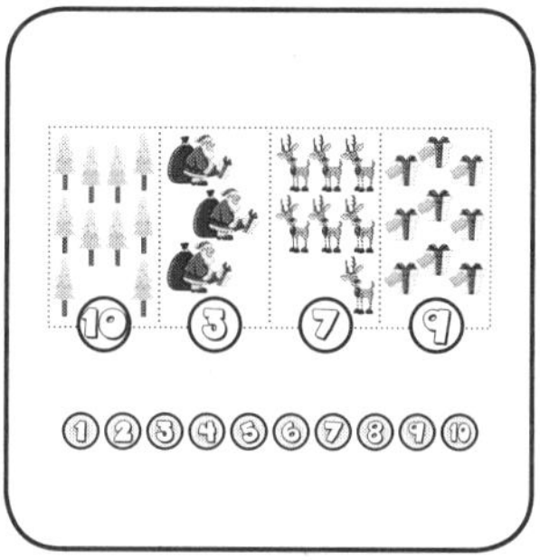

Jour 353

Jour 354

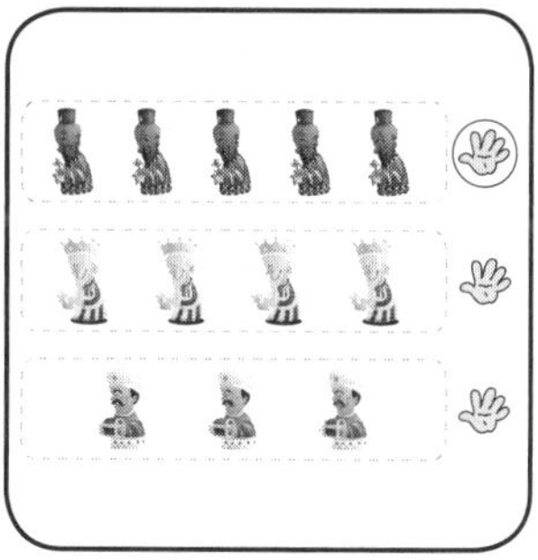

Jour 357

Jour 358

Jour 360

SOLUTIONS

Jour 362

A et C

Jour 363

Jour 364

D

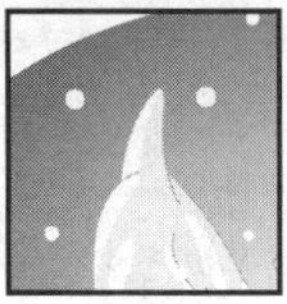

DESSIN LIBRE

Dessin libre

Dessine ce que tu veux.

Dessin libre

Dessine ce que tu veux.

DESSIN LIBRE

Dessin libre

Dessine ce que tu veux.

Dessin libre

Dessin libre

Dessine ce que tu veux.

L'utilisation de 10 900 lbs de Rolland Enviro100 Print plutôt que du papier vierge aide l'environement de façon suivante:

Arbres sauvés: 93
Réduit la quantité d'eau utilisée de 341 355 L
Réduit les émissions atmosphériques de 13 441 kg
Réduit la production de déchets solides de 5 171 kg

C'est l'équivalent de :
Arbre(s) : 6 terrains de tennis
Eau : 975 jours de consommation
Émissions atmosphériques : émissions de 4 voitures par année
Déchets solides : 106 poubelles

FSC www.fsc.org
RECYCLÉ
Papier fait à partir de matériaux recyclés
FSC® C103567

MARQUIS
Québec, Canada

100%
BIO GAZ ÉNERGIE
FSC